きこえにくさ
のある
児童生徒への
英語指導

音と文字から
英語の力を
育む

河合裕美 著

Kawai Hiromi

大修館書店

はじめに

　英語教育改革の一環として，小学校では外国語教育が本格的に始まり，中高の指導内容も変化しています。小学校から読み書き指導も開始され，中学校前半で既に英語に「つまずく」生徒が増加していることが懸念されています。また，支援を必要とする児童生徒の外国語教育の指導の手だてが課題となっています。中でも，聞き取りに困難のある聴覚障害児や，聴覚そのものには問題がないのに情報を聞き取れない聴覚情報処理障害を持つ発達障害児に対する指導に苦慮されている先生はかなり多いと思います。公立小中学校での外国語指導は，手話は使わず，基本的に口話によって行われています。現在でも，聞こえづらい児童生徒には英語の音の存在を示すために，カタカナを使って単語を示す，わからない単語はカタカナで書いて教えるという方法で支援を行っている先生もいることでしょう。しかし，英語初習期である小中学校の段階で英単語にカタカナを振ってしまうと，英語の音韻表象は育たず，英語の正確性や流暢性を獲得することは難しくなります。「聞こえづらい」から英語音声を使用しても仕方ないという発想は，当事者にとって英語に対するイメージをネガティブなものとして捉えることに繋がってしまいます。

　近年の聴覚機器の技術的な進歩によって，聴覚障害児でもかなり音声を聞き取ることができるようになり，適切な合理的配慮を行いながら，音声を活用する指導は十分に可能です。本書では，公立小学校の通常学級に在籍する聴覚障害児らに，口話による，日本語音を介さない英語音のままで3年間に渡る指導の検証結果から得られた指導法を紹介いたします。

　本書は，基本的に「聞こえづらい」児童生徒に個別指導を行う前提で進めますが，英語音声はそもそも日本人学習者にとっては聞き取りづらいものなので，本書が提案する指導アイディアは通常学級の聴児にも大いに活用できます。全ての英語学習者が身に付けるべき英語音声に対する「傾聴姿勢」を育成でき，「聞く・話す」素地を強化し，さらには「読む・書く」

能力を向上することができます。英語に苦手意識があったり，他の障害を
もつ児童生徒などにも対応でき，英語教育のインクルーシブ化の実現を目
指すものです。外国語指導を担当する小学校の特別支援学級の先生，通級
の先生，通常学級の担任の先生，外国語専科の先生，中学校の英語科の先
生，音声指導に悩んでいらっしゃる塾の先生など，指導の状況に合わせて
ぜひ活用いただきたいと思います。

　聴覚障害児への指導にあたっては，船橋市立船橋小学校（当時）の松尾
理恵先生，Gabe McNair 先生が担当され，筆者自身も多くのことを学ば
せていただきました。聴覚障害の専門知識については，筑波技術大学の長
南浩人教授からご指導いただきました。ここに深く感謝の意を表します。
　最後に，本書企画から刊行まで多大なるご支援をいただきました大修館
書店企画推進部の小林奈苗氏に心より感謝申し上げます。

2025 年 3 月
河合裕美

＊本書では，英語音を示す際の表記方法として，基本的に音素認識の指導やタ
　ーゲット音素を聴取したり，音の判別の場合は / /，単語全体の発音や音素の
　構音指導の場合は ［ ］を用いて表記します。

＊本書は，科学研究費助成事業（科研費）基盤研究 C「全ての通常学級児童のための英語音声
　指導法構築と視覚的教材開発の統合的研究」（研究代表者：河合裕美，研究分担者：髙山芳
　樹），博報財団 第 13 回児童教育実践についての研究助成「聴覚障害児童の英語音声の知覚・
　産出能力の実態調査―通常学級内授業における指導法・教材開発検討のための基礎研究―」
　（研究代表者：河合裕美，共同研究者：松尾理恵），博報財団　児童教育実践についての研究
　助成 第 13 回研究継続助成（アドバンストステージ）「通常学級と聴覚特別支援学級の合理的
　配慮に根ざした指導連携体制の構築―小学校英語「見る」音声指導の効果検証―」（研究代表
　者：河合裕美，共同研究者：松尾理恵）の研究成果として，また，神田外語大学 研究助成公
　募研究 B の助成を受けて出版するものです。

目次

きこえにくさのある児童生徒への英語指導
—— 音と文字から英語の力を育む

序章

通常学級で学ぶ
聞こえにくさのある
児童生徒の現状

通常学級に在籍する聞こえづらい児童生徒数の増加

　近年，公立小中学校に通学する聴覚障害児童・生徒数が増加しています（図1）。2019年（令和元年）には，特別支援学級（聴覚障害）に在籍する小中学生は1885名，通級指導教室（聴覚障害）で指導を受けている小中学生は2198名であると報告されています（文部科学省，2020a）。日本学校保健会（2004）によると，全国の公立小中学校で聴覚障害児童・生徒が在籍している割合は，小学校が12.32%，中学校が14.23%となっています。補聴器を使用する児童生徒のうち，聴覚障害特別支援学校や養護学校に在籍しているのは17%で，63%は通常学級，15%は特別支援学級（聴覚障害）に在籍しています。つまり，聴覚障害児の約8割は公立小中学校で教育を受けているのです。

　この背景としては，2013年に「学校教育法施行令」が一部改正され，障害児の通常学級選択権が総合的な判断により認められるようになり，さらに，2016年には「障害を理由とする差別の解消の推進に関する法律」（以下，「障害者差別解消法」と示す）の施行により，通常学級に通う聴覚障

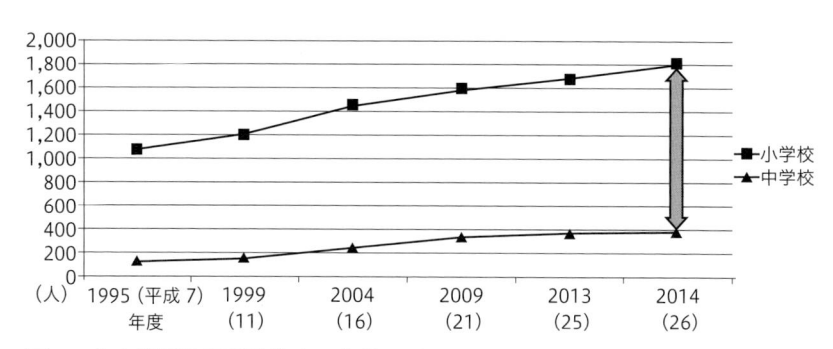

図1. 公立学校通級指導教室で指導を受けている聴覚障害児童・生徒数の推移（沖津，2016，p.16）

害児童・生徒に対しても合理的配慮の提供が義務づけられたことが挙げられます。さらに，近年の補聴器や人工内耳の技術的な進歩も通常学級で学ぶ聴覚障害児童・生徒の増加の要因になっていると考えられます。また，未就学の段階では，特別支援学校（聴覚障害）幼稚部で教育を受けた聴覚障害児がそのまま特別支援学校小学部に進学する場合と，公立小学校に進学する場合が考えられます。

　文部科学省（2002）では，聴覚障害特別支援学校に行く目安として，「両耳の聴力レベルがおおむね 60 dB 以上のもののうち，補聴器等の使用によっても通常の話声を解することが不可能又は著しく困難な程度のもの（学校教育法施行令第 22 条の 3）」のように指針を定めていますが，「学校教育法施行令の改正」や「障害者差別解消法」によって，聴覚障害児や家族が望めば，聴力レベルが重度以上でも公立小学校に入学するケースは多いと思われます。

公立小中学校に在籍する聴覚障害児の聴力レベル

　それでは，小中学校の通常学級，または通級指導教室に在籍している聴覚障害児の聴力レベルはどれくらいなのでしょうか？　東京都内小学校に設置されている通級指導教室（聴覚障害）に在籍する聴覚障害児に関する質問紙調査を実施した安田・濵田・大鹿（2012）によると，平均聴力レベル 70 dB 以下が 75％ を占め，軽度から中度難聴に該当する児童が多く，重度の該当者も 25％ いることがわかりました。補聴器等の装用については，両耳の補聴器装用者が 6 割を占め，人工内耳装用者は 2％ のみでした。

　しかし，近年の医療技術の急速な向上によって，人工内耳手術を担当する神田ら（2018）は，関わった症例のうち 80〜90％ の人工内耳装用児が特別支援学校から通常学校へインテグレート（在籍を変更）することを報告しており，今後も通常学級で学ぶ聴覚障害児が増加することが予想されます。

公立小中学校に在籍する聴覚障害児のコミュニケーション手段

安田・濵田・大鹿（2012）は，さらにコミュニケーション手段についても調査した結果，「話す・聞く」「手話」「指文字」「身振り」「筆談」などから複数回答を求めたところ，100% が「話す・聞く」ことで日常的にコミュニケーションをはかっているとの回答でした。つまり，公立小中学校では聞こえる児童生徒（聴児）と一緒に，主に音声による授業を受けていることが，特別支援学校とは大きく異なる点です。したがって，合理的配慮はもとより，教員や支援員は障害に対して十分理解した上で聴覚障害児童・生徒を支援していく必要があります。

学校での支援体制は，特別支援学級で主要教科を少人数で学びながら，様々な教育的活動を通常学級で体験させる体制や，通常学級でほとんどの教科を学び，1 週間のうち数時間を特別支援学級担任教員から自立活動や発音発語の指導を受ける体制，また，通常学級で聴児と一緒に学び，通級の教員が支援にあたる体制，特に配慮は受けず通常学級で学ぶ体制のように様々です（根本，2016）。外国語学習においては，基本的に通常学級で音声による指導を受けているのが現状です。

近年は，純音聴覚検査などの通常の聴力検査では問題はないのに，日常生活において聞き取りが困難で言葉を理解しづらい APD（聴覚情報処理障害）の事例についての報告が増加しており，適切な配慮が必要です。APD の聞き取り困難には，大勢の中で聞き取りづらい，似た言葉の弁別ができないため聞き返す，聞き取り困難を補うために口形をよく見てコミュニケーションを取ろうとするなど，聴覚障害児と同様の特性が報告されています（福島・川崎，2008）。

このように通常学級には，聴覚障害児童・生徒だけでなく，発達障害児や学習障害，日本語指導が必要な外国籍児など，様々な支援を必要とする児童生徒が在籍していることから，一斉指導には限界があり，「個別最適な指導」の在り方が問われています。

2 | 聞こえづらい児童生徒の 聞こえの特徴

　聴覚障害者の聞こえは，① 聞こえに障害が生じている部位（難聴の種類），② 聞こえの程度（聴力レベル），③ 聞こえ方，④ 発症の時期，⑤ 聴力型（高音急墜型（高音域の聴力が急激に落ち込む），高音漸傾型（高音域が徐々に低下する），水平型，谷型，低音障害型，聾などがあり，特に高音漸傾型，高音急墜型が多い）によって個人差があります。

① 難聴の種類

●伝音性難聴

　外耳や中耳の部分が機能しなくなり，音が伝わりにくくなる難聴です。音を大きくすれば聞こえるので，補聴器の装用効果が高いとされています。

●感音性難聴

　耳の奥側の内耳・聴神経・脳の中枢の感音系神経において障害が起こることが原因だと言われています。小さな音が聞こえにくい，大きい音は響いたり，ひずんだりしてしまうような症状の他，高音域が聞こえづらいことが知られています。先天的なものもあれば，突発性難聴やメニエール病による一時的な聴力が低下，加齢による老人性難聴などが知られています。

●混合性難聴

　伝音性難聴と感音性難聴の両方の症状が現れるものを指します。中耳炎が悪化したり，内耳が損傷を受けて発症することがあります。小さい音は聞こえづらく，音がぼやけるように感じます。老人性難聴の多くは，このタイプが多いと言われています。

② 聞こえの程度（聴力レベル）

　難聴の症状によって聞こえ方に個人差がありますが，聞こえの程度は次ページの表1のように区分されています。

　聴力の程度を表すには，dB（デシベル）という単位が使われます。また，

表 1. 聴力レベル（日本聴覚医学会難聴対策委員会「難聴（聴覚障害）の程度分類について」2014, p. 6 より筆者作成）

難聴区分	dB の範囲	音の大きさの目安	騒音レベル (dB)
正常値	25 dB 未満	呼吸の音（20 dB）	静か 20〜30 dB
軽度	25〜40 dB 未満	ささやき声（30 dB）	
中度	40〜70 dB 未満	図書館（40 dB），チャイム（60 dB）	普通 40〜50 dB
高度	70〜90 dB 未満	掃除機（70 dB），パチンコ店内（80 dB）	うるさい 60〜70 dB
重度	90 dB 以上	カラオケ店内（90 dB），建設工事現場（100 dB），ヘリコプターの近く（110 dB）	きわめてうるさい 80 dB 以上

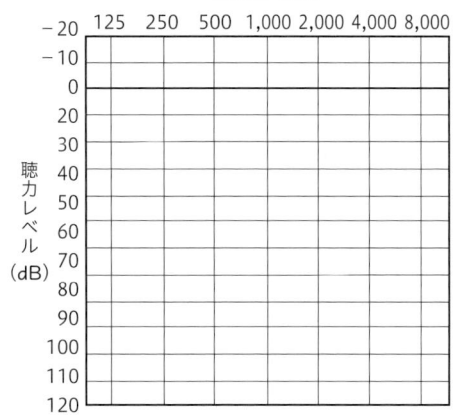

図 2. オージオグラム
（日本聴覚医学会 HP より）

音の高さは Hz（ヘルツ）という単位を使用します。聴力検査の結果は，オージオグラムで示されます（図 2）。縦軸に聴力レベル（音の大きさ）が−20 から 120 dB 程度まで示され，横軸に音の高低が 125 から 8000 Hz 程度まで 1 オクターブずつ 7 つの音の高さで示されています。言語音の高さは実際には，性別や年齢，言語によっても異なりますが，一般的に，男性の話し声は 125〜250 Hz，女性の話声は 250〜500 Hz，子どもの遊び声は 1000〜2000 Hz 程度と言われています。

　正常聴力は 25 dB 未満です（日本難聴対策委員会報告，2020）。軽度は 25〜40 dB 未満で，ささやき声を聞き取ることが困難になります。中度は 40〜70 dB 未満で，普通の会話や授業チャイムの音が聞き取りづらくなります。高度は 70〜90 dB 未満で，普通の会話が聞こえない，掃除機

やパチンコ店内の騒音が聞こえないレベルです。重度は 90 dB 以上で,建設現場の工事音が聞こえないレベルになります。

言語音の周波数

ここで注意が必要なのは,聴覚レベルが軽度であっても,音の周波数によっては,より聞こえづらい場合があるということです。例えば,4 分法と呼ばれる方法で 500 Hz（a）・1000 Hz（b）・2000 Hz（c）の聴力レベルの平均値を算出した場合（(a＋2b＋c)÷4），平均聴力が 40 dB の軽度難聴であっても,感音性難聴の場合は,高い周波数（高い音）になるほど聴力が低下することが多く見受けられます。成長するにつれて難聴が進む

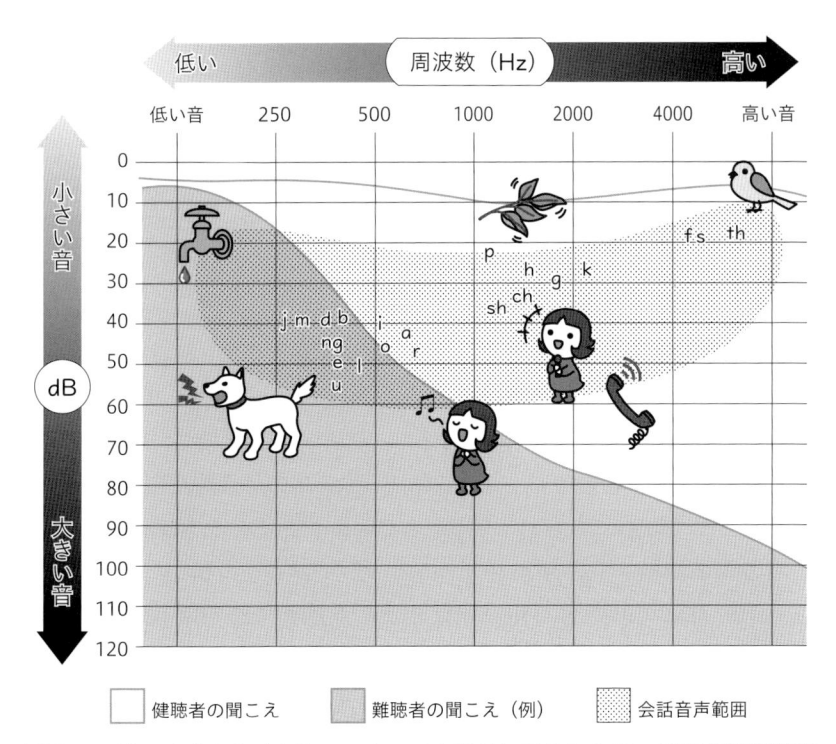

図3.スピーチバナナ（カリフォルニア大学サンフランシスコ校耳鼻咽喉科頸部外科学科）

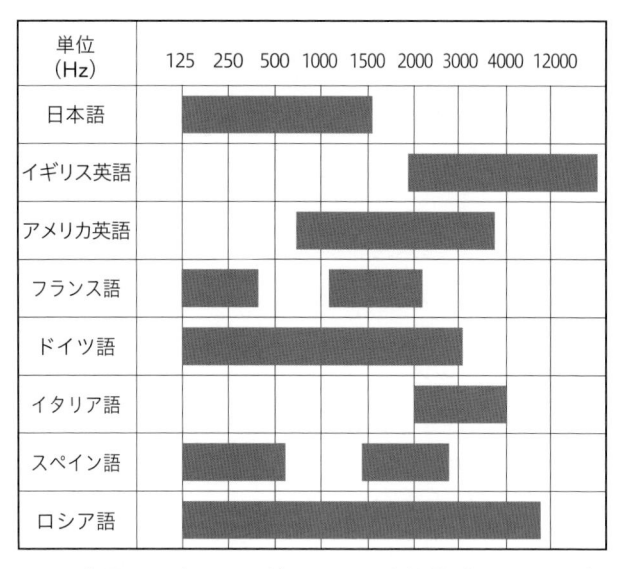

図 4. 各言語の主として使われる周波数帯（パスバンド）
　　（村瀬，1996, p. 79）

場合があるので，定期的に聴力検査をして聞こえをチェックする必要があります。

　聴覚障害の程度が重くても，近年の補聴機器や人工内耳の技術の進歩によって，補聴器や人工内耳を装用している聴覚障害児童・生徒は，残存聴力を活用しながら語音を聴取できることがわかっています（中山ら，2006）。しかし，注意しなければならないのが，音素の種類によって聞こえが異なるということです。比較的聴取しやすいのは低周波の母音で，高周波の子音は聞き取りづらい（Oyer & Doudna, 1959）と言われています。音素の周波数域を表示するスピーチバナナ（前ページ図 3）を見ると，/f//s//θ/ などの摩擦音が 4000 Hz 以上の高周波であることがわかります。さらに，日本語話者にとっては，そもそも英語の周波数が高いことが聞こえづらい要因のひとつとして挙げられます。図 4 は，「パスバンド」と呼ばれる言語周波数帯を示したものです。

日本語よりかなり高い英語摩擦音の周波数

日本語のパスバンドが 125 Hz から 1500 Hz なのに対して，英語は 2000 Hz から 12000 Hz 以上，アメリカ英語も 750 Hz から 4000 Hz 近い周波数帯を示し，日本語に比べて相対的に周波数が高いことがわかります。つまり，4000 Hz 以上となる /f//s//θ/ のような英語の摩擦音は，正常な聴覚を持つ日本語母語話者にとっても聞こえづらいということです。

一般的には，聴覚障害者にとって，無声摩擦音の /s//ʃ/（日本語ではサ行）や無声破裂音 /k//t/（日本語ではカ行，タ行のタ・テ・ト）は，特に聴取が困難であり，/d/ が /r/，/m/ が /b/ のように，音素が別の音素に聞こえてしまう傾向も強い（長南，2021）と言われています。

摩擦音の中でも歯茎摩擦音の /s/ や /z/ は，英語音声における頻出度が /s/ は 4 番目，/z/ は 12 番目に多い音素（Tobias, 1959）です。下の歌のように，幼少時から /s/ 音が頻出する歌はたくさんあるのですが，聴覚障害児には聞こえづらいのです。文法構造上，複数形や動詞の時制，所有格など文章の中で重要な役割を担っている（Denes, 1963; Rudmin, 1983）ので，聴覚障害者では最もエラーが起こりやすく，誤解が生じやすいです（Dubno & Dirks, 1982; Owens, 1978; Owens, Benedict, & Schubert, 1972）。英語母語の軽度から中度難聴児でも，3 人称単数動詞の語尾の -s が落ちるエラーが起こりやすい（Elfenbein, Hardin-Jones, & Davis, 1994; McGuckian & Henry, 2007; Norbury, Bishop, & Briscoe, 2001）と報告されています。性別では，男性の声の方が周波数が低く，聴覚障害者には聞き取りやすい（Stelmachowicz, Nishi, Choi, Lewis, Hoover, & Dierking, 2008）と言われています。

> A <u>s</u>ailor went to <u>s</u>ea, <u>s</u>ea, <u>s</u>ea.
> To <u>s</u>ee what he could <u>s</u>ee, <u>s</u>ee, <u>s</u>ee.
> But all that he could <u>s</u>ee, <u>s</u>ee, <u>s</u>ee.
> Was the bottom of the deep blue <u>s</u>ea, <u>s</u>ea, <u>s</u>ea.

聴覚障害児は /s/ 音を聞き取りづらいです。

/s/ 音に慣れる文例 "A Sailor Went to Sea"

聞こえづらい子どもにとっての小中学校の音環境とは？

　このような聞こえの特徴に加えて，通常学級に在籍する聴覚障害児の学校生活上で起こる聞こえの特性を理解する必要があります。静かな音環境の特別支援学校とは違い，聴児とともに音声による指導を受ける通常学級は賑やかな環境です。補聴器や人工内耳を使用しているとはいえ，聴児と同様の教育を受けている学校生活においては，様々な支障があり，「聞こえの保障」をすることが大切です。聴児にとっては何気ないことであっても，聴覚障害児・生徒が情報を逃してしまうことがよくあります。特にマスクをしている時は話し手の口形が見えないためにより深刻な支障が起きがちです。以下に例を挙げます。

- ●校内放送の内容が理解できない。
- ●先生が板書をしながら説明すると聞き取れない（背中を向けているので，口形が見えない）。
- ●学年全体や学校全体のような大人数での活動時に，誰が話しているのかがわからない。

　また，補聴器は基本的に聞こえてくる音を大きくする機器であるため，雑音も拾ってしまう特徴があります。そのため，学校生活において以下のような支障があります。

- ●補聴器の種類によっては，コミュニケーション活動中に，対話者以外の人の声や歩き回る音の雑音を拾ってしまい，対話者の声が聞こえない場合がある。
- ●掃除中の机や椅子を動かす音がキンキンと響いてしまう。
- ●グループ学習時に一度に複数が話すと誰が話しているのかわからない。
- ●補聴器をつけていても，背後から声をかけると気付かない場合がある。

　このように，聴覚障害児が持っている特性に加えて，学校生活特有の聞こえの「困難さ」にも留意してください。

3 | 聞こえづらい児童生徒の発音の特徴

　前節で説明したような聴覚障害児の聞こえの特性によって，聴覚障害児は聞こえづらい音の構音方法（正しく発音するための口の動かし方）がわからず，習得するまでにかなりの時間を要します。ここでは，聴覚障害児の発音の特徴をまとめます。

　補聴器の範囲はだいたい 125～5000 Hz なので，摩擦音のような周波数の高い音素が聞こえづらくなっています。特に，サ行の構音は歯裏で息を摩擦させるので，視覚的に構音方法がわかりづらいために十分習得できず，息の量も足りていません（永野，2017）。

　小学 4 年生から中学 3 年生までの聴覚障害児を調査した安東・吉野・志水・板橋（1999）は，明瞭度が最も低かったのは，破擦音の「て」と摩擦音の「す」で，発音エラーの特徴として，「が」を「か」,「ば」を「ぱ」のように有声破裂音が無声化してしまう，「す」を「ふ」のように摩擦音で調音点を誤ってしまう，「す」が「しゅ」のように発音してしまう拗音化が特に目立つことを報告しています。さらに，日本語発音の明瞭度に学年間の差は見られず，発音しづらい音は年齢が上がってもなかなか改善されるわけではないということを明らかにしています。

　聴覚障害児に見られる発音の一般的なエラー例を挙げてみます。

① 頭音の母音化（/h/ がよく聞こえていないため）

　ひまわり⇒いまわり

　おはようございます⇒おあようございます

② 拗音化

　くつ⇒くちゅ　　　くみ⇒くび　　　です⇒でしゅ

③ 音の置換

　きりん⇒しりん，ちりん　　　したじき⇒きたじき

④ 促音（ちいさい「っ」）の脱落

指導により苦手な発音を克服

　これらのエラーの特徴を踏まえた上で，聴取と発音訓練を地道に続け，聴覚障害児の発音が改善した事例は多く報告されています。森・熊井 (2017) は，重度の聴覚障害児にお話などを使って「意味のある言葉」の中で構音指導をした結果，発音が改善されたと報告しています。板橋 (2004) は，最重度の聴覚障害児が /z-ʃ-ʒ/ などの摩擦音を含む音節を発音習得した症例を報告しています。これらは，いずれも特別支援学校の在籍者，または人工内耳装用者への日本語構音の指導例です。

　母語の音韻意識の獲得の観点から見ると，日本語母語聴児の場合，就学前に特別な指導を受けることなく自然に形成され，就学後の文字の読みの発達によってさらに音韻意識が発達すると考えられています（原，2001）。聴覚障害児の場合は，聴覚機器を活用し，聴覚口話法[1,2] による指導によって，聴児よりは遅れるものの，直音（「きゃ」のような拗音以外の日本語音）については，6〜7 歳にかけてほぼ音節分解できるようになる（齋藤，1978 ; 長南・齋藤，2007）ことが明らかになっています。

母語の語彙力の強化

　語彙力については，聴児と比べ日常経験の中で言葉を聞くことが少ない結果，経験から得た知識と言葉が結びつきにくいため（濵田，2017），同年齢の聴児に比べて語彙数が少ない，語彙を知っていても意味ネットワー

---

[1] **口話**　聴覚障害者に言葉を教える際に，音声言語を通して口の形を読み取ること。また，聴覚障害者は，残存聴力を活用して，対話者の口形を真似して声を出して発音することも含まれる。話をする側は口の形をはっきりと見せ，ゆっくりと話すなどの配慮が必要である。補聴器や人工内耳が進化し，昔よりは聞こえやすくなっているとはいえ，聴覚障害者の中には，口の動きだけでは対話者の話していることが理解できず，口話だけではコミュニケーションが難しい場合もあるということを聴者は理解しておきたい。

[2] **聴覚口話法**　障害のある聴覚を補聴器や人工内耳で補い，聴覚を活用して口形を見せながら発音や口話の力を付ける指導。

クが限られていたり，知っている単語に偏りがあることが知られています。加えて，小学校に入学する聴覚障害児の就学前の教育環境や指導方法の違いから，入学時点の語彙力は個人差が大きいと思われます。受容能力（聞いて意味がわかる）と表出能力（その語彙を発音して使う能力）を入学後の早い段階で把握するために，PVT-R（絵画語い発達検査）等を実施するとよいと思います。日本語母語と英語の語彙力には強い相関関係がある（濵田・高木・大鹿，2008）ことからも，生活語彙カードセットなどを使って積極的に語彙に触れさせてください。

聴覚障害児は日本語の摩擦音や破擦音の発音が苦手

　このような先行研究を考慮し，筆者は小学校通常学級で外国語を学習している聴覚障害児の日本語発音の特徴をまず明らかにすることが必要であると考え，日本語構音検査と外来語発音テストをおこないました。

　聴覚障害児は1年〜6年生までの8名（軽度〜重度）で，高い周波数が聞こえづらい感音性難聴が多く，統制群として4年生聴児5名にも参加してもらい，子音のエラーの特徴を考察しました。

　次ページの図5を見ると，聴覚障害児の摩擦音や破擦音のエラー率が特に高いことがわかります。表2にエラー率が30％以上の単語を示します。下線部が該当単語の中でエラー率が高いモーラとなります。具体的に誤答を見てみると，「バ<u>ス</u>，にん<u>じ</u>ん，<u>さ</u>かな，<u>そ</u>ら，<u>し</u>んぶん，<u>じ</u>てんしゃ」の下線部の摩擦音や破擦音のエラーが顕著であることがわかります。なかでも，「しんぶん，じてんしゃ，にんじん」は聴児でもエラー率が高く，摩擦音や破擦音は聴児でも発音しづらいことを示唆しています。

　このように，英語音声の指導前に，日本語構音検査（新版　構音検査）を実施し，構音が苦手な音素の特定をおこなうとよいでしょう。日本語で摩擦音の発音が苦手な場合は，当然英語の摩擦音の指導にも時間をかける必要があります。子どもの現在の能力を知ることから始めてみましょう。

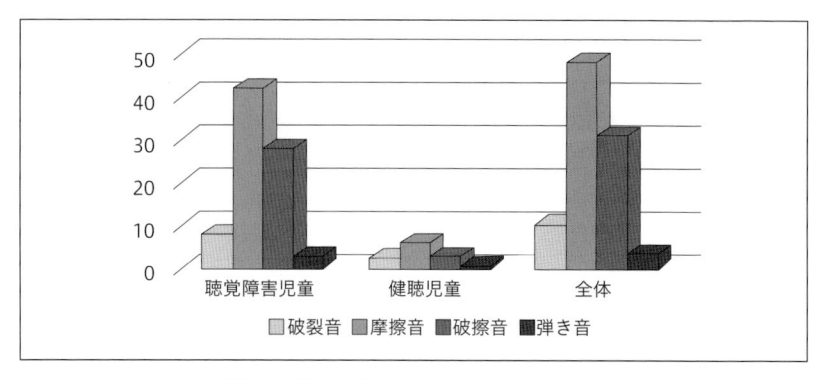

図5. 聴覚障害児と聴児の子音エラー率（河合，2019）

表2. 聴覚障害児・聴児の構音エラー率が高いモーラ（河合，2019）

テストの単語	難聴児童誤答者数 （8名中）	聴児誤答者数 （5名中）	誤答者総数 （13名中）	音の種類
しんぶん	6（75.0%）	3	9（69.2%）	摩擦音
じてんしゃ	6（75.0%）	3	9（69.2%）	破擦音
さかな	5（62.5%）	0	5（38.5%）	摩擦音
にんじん	5（62.5%）	2	7（53.8%）	破擦音
バス	5（62.5%）	1	6（46.2%）	摩擦音
ズボン	5（62.5%）	0	5（38.5%）	破擦音
そら	5（62.5%）	0	5（38.5%）	摩擦音
きりん	4（50.0%）	1	5（38.5%）	破裂音
ぎゅうにゅう	4（50.0%）	1	5（38.5%）	破裂音＋接近音
あし	4（50.0%）	1	5（38.5%）	摩擦音
じゃんけん	4（50.0%）	0	4（30.8%）	破擦音
せみ	4（50.0%）	0	4（30.8%）	摩擦音
くち	4（50.0%）	1	5（38.5%）	破擦音
つくえ	4（50.0%）	0	4（30.8%）	破擦音
あひる	4（50.0%）	0	4（30.8%）	摩擦音
うさぎ	3（37.5%）	0	3（23.1%）	摩擦音
ジュース	3（37.5%）	0	3（23.1%）	破擦音＋接近音
ジュース	3（37.5%）	0	3（23.1%）	摩擦音
ひこうき	3（37.5%）	1	4（30.8%）	摩擦音
ぞう	3（37.5%）	0	3（23.1%）	破擦音
きりん	3（37.5%）	1	4（30.8%）	弾き音

第1章

通常学級で学ぶ聞こえにくさのある児童生徒への英語教育の取組み

1 | 英語音声の特徴

英語音声の特徴

子どもの初語「ママ」「パパ」は世界共通

　英語母語の子どもも日本語母語の子どもも，生まれてから母語の構音（発音のしかた）が確立するまでに，ある程度の年数を要します。赤ちゃんは生まれてから母乳やミルクを飲むことでまず口周辺の筋肉や，上と下の唇で吸う力が発達してきます。日本語母語の子どもの場合，クーイング（「アー」「ウー」のような，舌や唇を使わない発声）や喃語（なんご，「ダーダー」のように舌や唇を使う発声）の時期を経て，1歳ごろには「ママ」「パパ」「ババ」などの初語が聞かれるようになります。これらの言葉は，[m]［p]［b]の両唇を使って発声されます。世界の多くの言語の赤ちゃんはこれらの両唇音を使って，父母や祖母といった最も身近なケアテイカーを意味する初語を表出します。

母語特有の音の獲得

　赤ちゃんは話しかけられる言葉をどんどん聞いて知覚能力を発達させ，次第に音を表出するようになります。言語の発達にはある程度の普遍性があり，獲得していく音素の順序は言語間でだいたい共通している（Jakobson, 1941/68）と言われています。一方で，子どもは母語の特徴（特殊性）も次第に獲得していきます。母語は，言語間で共通の普遍と言語特有の特殊性が拮抗しながら次第に発達し，母語にない特徴は次第にすたれていきます。

　例えば，Kuhlら（2006）の実験では，アメリカの赤ちゃんも日本の赤ちゃんも6〜8か月ごろは /l/ と /r/ の弁別ができるのに，10〜12か月

になると，アメリカの赤ちゃんはどんどん弁別能力を発達させていく一方，日本人の赤ちゃんは次第に弁別できなくなってしまいます。日本語には /l/ と /r/ の区別がないからです。

摩擦音獲得は時間がかかる

音素の獲得順序の普遍性を示すものとして，英語母語の子どもは摩擦音 /s, z, v, θ, ð/ の習得に 6〜8 才頃までかかり（Templin, 1957），日本語母語の子どもは日本語摩擦音や破擦音の「す・つ・ず・づ」や半母音の「る」の習得に 6 才半頃までかかる（高木・安田, 1967）と言われています。このように英語も日本語も，摩擦音の習得には時間がかかります。特に英語の摩擦音は，日本語に比べて周波数が高く大変聞き取りづらいことから，聴覚障害児には特に時間をかけて根気よく指導する必要があります。

英語の音素と日本語モーラ

英語は，言語音の最も小さい単位である音素を単位としています。一方，日本語は，基本的に子音の後に母音を伴う「モーラ拍」と呼ばれる特殊な言語音単位です。英語音素には，聞こえ度（sonority）があり，大きく聞こえる音から順番に，母音（/a, i, u, e, ɑ/ など）＞半母音（/r, w, j/ など）＞側音（/l/）＞鼻音（/m, n, ŋ/）＞摩擦音（/s, z, ʃ, f, v/ など）・破擦音（/tʃ, dʒ/）＞破裂音（/p, b, t, d, k, g/）となり，無声音よりは有声音の方が聞こえやすいという性質があります。ところが，日本語モーラ（子音＋母音）の性質に慣れている日本人の耳には，英語には日本語にない母音が多いので，例えば mat と met を英語母語話者に発音してもらうと，どちらを発音しているのかよくわかりません。英語の母音の判別は大変難しいのです。一方で，英語子音は聞こえ方の判別や口形を真似る発音のしやすさという観点でみる必要があります。たとえば /p, b/ などの破裂音は日本の子どもには比較的口の形から音を真似しやすいとも言えるのです。
⇒英語音素の指導順序については第 2 章参照

1.2 英語読み書き指導に音声はマスト！

リーディング能力の発達につながる英語音声の刺激

　ここで聴覚障害児に対して，何のために，英単語に日本語文字で読み仮名を振らずに英語音声を指導するのか，その意義に触れます。

　子供はまず音声言語を通じて言葉を獲得していきます。下の図1は，英語母語圏の子どもの口頭言語とリテラシー（読み書き能力のこと）の関係を示したものです。言葉の発達の基底には，口頭言語処理システムがあって，子どもは周囲の言葉をたくさん聞いて聴解能力を発達させることで音韻意識（phonological awareness）[1] を高め，それが話し言葉と読み書きのリテラシーの両方の力を伸ばしていくと考えられています。つまり，音声をたくさん聞かないと音韻意識も育ちません。

　日本語母語の子どもにとっても，日本語と多くの点で異なる特徴を持つ英語音声を聞かなければ，当然英語音声の特徴を理解することはできません。筆者の研究結果から，聴覚障害児も聴覚を活用する方法で英語音声の特徴を理解することは十分可能です。カタカナをふることで，日本語文字を介してしまうと，英語の音素を聴取することを妨げてしまいます。

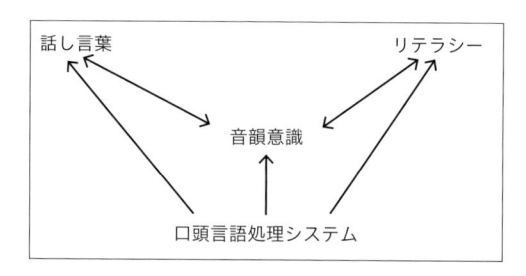

図1．口頭言語とリテラシー（読み書き能力）発達の関係（Stackhouse & Wells, 1997）

---

[1] phonological awareness は，日本語では「音韻意識」「音韻認識」などと呼ばれ，統一した呼称がない。本書では「話しことばの音韻構造を把握し，その中の音韻的な単位に気づき，識別し，操作する能力」（原，2003）を「音韻意識」として表記する。

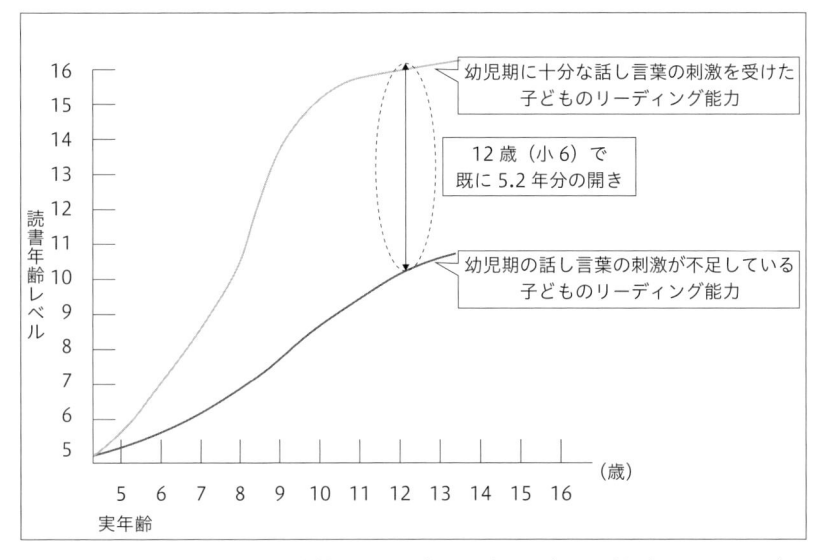

図 2. 幼児期の口頭言語の刺激とリーディングの発達の関係（Hirsch,1996）

音韻意識の育成は話し言葉から

　子どもの音韻意識が発達していくためには，就学までにどれくらい話し言葉に接してきたかが大きなポイントになります。図 2 を見ると，幼児期に絵本の読み聞かせや周囲の大人の話しかけなど，口頭言語の刺激を十分に受けた子どもの読み能力と，親のネグレクトなどにより残念ながら口頭言語の刺激が少なかった子どもの読み能力は，12 歳時点で 5 年分以上の開きがあることがわかります。就学までの口頭言語の刺激量が，後のリテラシーの発達を左右するということです。

音声から読み書き能力へ

　読み書き能力については，子どもが学校に入り，授業で明示的な指導を受けるようになると，話し言葉から次第に書き言葉を発達させていくと考えられています。その書き言葉に移行する時期に，音読が大変重要です。

たとえば小学校低学年の時期は，国語で音読の宿題がたくさん出されます。文字を解読する際に文字を音声化し，自動化し，そのスピードがだんだん速くなっていくことで読みの流暢性が育っていきます。

アルファベット文字と音の関係の指導

　英語圏の子どもたちは，幼児期からアルファベット文字と音の関係を明示的に習います。英語圏には移民も多く，家庭では英語以外の母語を話し，学校や公の場で英語を使う ESL（English as a second language）学習者も多いということや，英語は一文字に対応する読み方がいくつもあるため，ディスレクシア（読み書き困難）の発生率が他のアルファベット語圏や日本より高いことも要因として考えられます。

　アメリカの幼稚園では，アルファベット文字の読み方や，文字が音に対応していることを明示的に指導しています。例えば，「/s/ で始まる単語は何？」と尋ねると，園児たちは school, sky, snake, star, strawberry, sun ... など頭音が /s/ で始まる単語をたくさん言おうとします。「Are cat and rat the rhyme？（cat と rat は韻を踏んでいるかな？）」と聞かれれば，Yes と答えます。「If you put away /f/ sound from fox, what is the word？（fox から f を取ると，何の単語になる？）」と聞かれれば，ox! と答えます。これらの指導中は，単語の綴りを見せることはほとんどしません。それよりも，先生は発音しながら，子どもにも音を聞かせて発音させ，音の操作ができるかどうか，つまり音素認識（2.1 を参照）や音韻意識を確認しています。この時期の子どもは，単語を少しずつ書こうとしますが，文字が音に対応していなければ綴ることはまだできません。例えば，like の終わりの e が欠落するようなエラーが起こり得ます。

英語母語の子どもの音韻意識の発達

　この時期のアメリカの子ども（80 名の 4 歳〜5 歳の園児）の音素認識や音韻意識能力の発達についての調査結果（Paulson, 2004）によると，

（1）音素より，音節がわかる能力や音韻意識が先に発達する。

（2）音素，音節のレベルともに，語を音素や音節に分解すること（セグメンテーション）よりも，音素や音節を足して語がわかること（ブレンディング）が先に発達する（表1，2.1を参照）

ということがわかりました。

　つまり，英語母語の子どもは，英語文の中で韻を踏んでいるのがわかり，音声の固まりを聞いて，固まりを音節で区切り，単語内の構造がオンセットとライム（例．cat はオンセットの c と at のライム）で成り立っていることがわかる音韻意識が向上し，さらに最小単位である音素を認識するレベルへとトップダウン式に発達していくものと考えられています（図3）。

⇒セグメンテーション・ブレンディングについては第2章2.1を参照

表1．アメリカの4歳～5歳児の音素認識・音韻意識能力正答率の変化

Rank	タスク	4歳時	5歳時
1	音節ブレンディングができる	84%	92%
2	音節セグメンテーションができる	62%	81%
3	複数語を聞いて韻を踏んでないものがわかる	58%	74%
4	頭の音の仲間分けができる	53%	71%
5	オンセットとライムの足し算ができる	42%	61%
6	共通する語頭の音がわかる	32%	57%
7	単語群で韻を踏んでいる単語が言える	31%	54%
8	音素の足し算ができる（ブレンディング）	13%	29%
9	単語をオンセットとライムに分割できる	8%	22%
10	語を音素に分割できる（セグメンテーション）	3%	7%

（Paulson, 2004, p. 99 より改変）

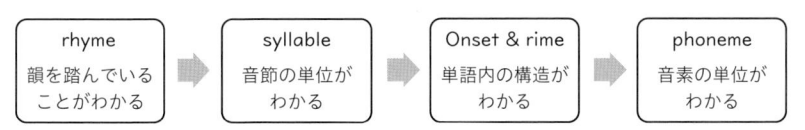

図3．英語母語の子どもの音の理解の発達順序

日本人の子どもに，英語母語の子どもと全く同じ順番で英語の音声を指導することは難しいと思われます。なぜなら，英語の母音には日本語にないものが多いからです。したがって，英語の音素認識や音韻意識を明示的に指導し，指導する順序にも工夫を凝らす必要があります。その指導方法については，第2章で紹介していきます。

音声を使った明示的な指導の必要性

　英語母語の子どもは小学校に入ると，フォニックス（文字と音の関係，綴りのルール）を本格的に学び，単語内の全ての文字と音の特定ができるようになります。音素認識能力が向上してくるので，文字パターンと発声の対応が早くなり，単語を見て自動的に処理する力も伸びてきます。日本でも，この時期に子どもたちはひらがなを習って，何度も声に出しながら文章を音読できるようになりますね。読み書きの力を向上させるために，英語母語圏の子どもも明示的な指導を受けているのです。ましてや，言語間の特徴が大きく異なる日本語母語話者が英語を学習し，その能力を向上していくためには，初習期に明示的な指導が必須だと思われます。日本語母語の聴覚障害児も補聴器や人工内耳の進歩で聴覚活用がある程度できるようになっているため，英語音声を十分に聞かせながら明示的な指導をおこなうことで，発音だけでなく，英語の読み書き能力も向上することが期待できます。

　英語学習の初期段階で，音声を使って音と文字の関係を身に付けなければ，単語の綴りを記憶して覚える暗記型学習に陥ってしまい，結果的に英語学習に困難を抱える児童生徒が増えることが懸念されます。

文字と音の対応関係

　ここで，言語文字（書記素）と音の関係について，日本語と英語のそれぞれの特徴をおさえておきたいと思います。日本語はモーラという音節単位です。例えば，ひらがなの「ま」はひとつの文字ですが，音としては

"m + a" で子音と母音の 2 つの音素から成り立っています。英語の場合は，例えば，アルファベット "a" には，apple では /æ/，ate では /eɪ/，eat では e と組み合わせて /iː/ と読むというように，複数の読み方があります。英語音とアルファベット文字の関係を学ぶ際に英語音に触れていないと，アルファベット文字をローマ字学習と混同し日本語音としてとらえてしまい，英語の読み書き学習の妨げになります。このように，文字と音の対応関係を，「透明性」と呼びます。ある文字の読み方が 1 種類であれば透明性は高く，何通りにも読めれば透明性は低くなります。日本語の漢字は，読み方がいくつもあるので，透明性が低くなります（図 4）。

英語にカタカナをふらない理由

　英語には日本語にない音素があります。例えば，cap-cup-cop の 3 つの単語を英語母語話者に発音してもらうと，日本語母語話者にとっては真ん中の母音の違いがなかなかわかりません。真ん中の母音は，/æ/ /ʌ/ /ɑ/

文字と音の 1 対 1 の対応関係

日本語
- ●ひらがな・カタカナ　「ま」＝読み方は 1 つ→透明性が高い
- ●漢字　「生」＝なま・うまれる・うむ・しょう・せい
  　　　⇒読み方がいくつもある ⇒透明性が低い

英語
アルファベットの名前　a /eɪ/
単語の綴り　　　　　　apple では /æ/
　　　　　　　　　　　ate では /eɪ/　　　　読み方がいくつもある
　　　　　　　　　　　eat では ea で /iː/　⇒透明性が低い

図 4．日本語と英語の音と文字の対応関係

のように全て違いますが，日本語では 3 つとも「ア」と表記されてしまいます（表 2）。しかし，この 3 つの母音は，話者の口形を見ていると，明らかに口の大きさや舌の位置が違っています。聞き取りづらくても，「傾聴姿勢」が育っていれば，日本語を介さずに 3 つの単語を判別できるのです。

　聴児でもついつい単語や文にカタカナをふったり，先生もそれを容認している様子を見かけますが，「傾聴姿勢」を徹底した音の指導をおこなうことで，発音だけでなく，文字認識や読み書き能力の向上につながります。単語にカタカナをふることは，聴覚障害児の読みや発音の手掛かりになると思われるかもしれませんが，英語の音素認識や音韻意識を身に付けることはできませんし，音が文字に対応していることの理解も難しくなります。むしろ時間をかけて英語音声を指導することにより，英語の音素認識や音韻意識，文字と音の対応関係もわかるようになり，発音がわからない場合は，英語の綴りを見て音素を構音できるようになります。これらの力は，小学校高学年から中学校初めの英語初習段階で育成されるべきで，聴覚障害児も日本語文字を介さずに習得することが十分可能です。

表 2．英語母音と日本語文字の対応

英単語	発音	日本語で置き換えられると…
cap（帽子）	/æ/	ア 「どの単語のこと？」
cup（カップ）	/ʌ/	
cop（警察）	/ɑ/	

2 ｜ 聞こえづらい児童生徒への 明示的な英語音声指導の効果

　通常学級に在籍する聴覚障害児に実際に英語音声指導をおこなった結果について，本節で紹介します。

　「聞こえないから教えてもしかたがない」「聞こえないから日本語を介して教えるしかない」という考え方は捨てましょう。通常学級に在籍している聴覚障害児は，通常学級での一斉指導に加えて，個別指導と通常学級での合理的配慮によって，英語音声を聴解し，表出することができるようになります。何よりも英語が好きになり，発表することにも自信を持って臨むようになります。

聴覚障害児への英語音声指導の実践検証

　日本語母語児に英語音韻意識を指導すれば，アルファベット知識や語彙知識とともに英語音韻意識も向上します（アレン玉井，2009）。音節区切りに日本語モーラが影響してしまうため（Allen-Tamai，2000；池田，2018），聴児でも明示的な指導が必要であることがわかっています。しかし，日本語母語聴覚障害児を対象とした英語音韻意識の発達について検証した先行研究はこれまでほとんどありませんでした。

　そこで，筆者は，公立小学校の特別支援学級（聴覚障害，以下「きこえ学級」と示す）に所属し，外国語授業を通常学級で受けている 1 年生から 6 年生までの聴覚障害児（聴覚レベルは軽度から重度まで）を対象として，日本語を介さない（カタカナをふらない）英語音声指導を実施しました。ここでは特に，高学年の聴覚障害児の検証結果を報告します。

高学年聴覚障害児への明示的な英語音声指導の実施

実験群の小学校高学年の聴覚障害児 3 名（軽度 6 年 1 名，中度 4 年 1 名，

高度重度6年1名，いずれも PHONAK Sky-V 補聴器，デジタルワイヤレス補聴支援システムを使用）に，4種類の知覚テスト（①非単語，②ミニマルペア，③音韻意識オープン，④音韻意識エンド）と，産出テスト（⑤現実単語，⑥非単語）を指導の事前事後で受けてもらいました。

　③と④の音韻意識テストは，英語単語の構造を認識できるかどうかを尋ねるテストです。統制群の聴児5名（4年生）には，産出テスト⑤⑥を事前のみ受けてもらいました。産出テストは，1〜3音節から成る英語現実単語22単語（全212音素）と1〜3音節から成る非単語20単語（全182音素）です。聴覚障害児は常用の補聴器を装用したままで，個別に英語母語話者が目の前で直接発音する形式で全てのテストを受けてもらいました。

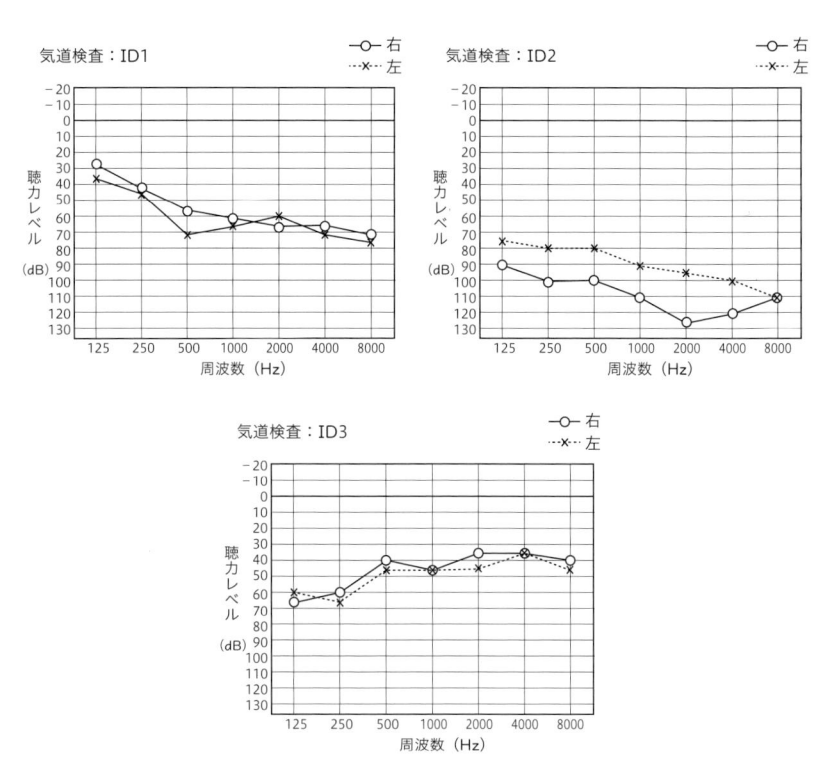

図5. 聴覚障害児3名の裸耳聴力（オージオグラム）
ID1（4年，中度），ID2（6年，高度重度），ID3（6年，軽度）（河合，2020）

聴児には，あらかじめ英語母語話者の発音を録画した動画を PC 上で再生し，発音を模倣してもらいました。

　中度（ID1）と高度重度（ID2）の児童は感音性難聴で，周波数が高くなるにしたがって聴覚が下がる傾向がありました（図 5 参照）。

明示的な音声指導の成果―聞く力―

　指導方法は第 2 章で説明しますので，ここでは結果を示します。事前テストから 4 か月の個別指導期間を経て，事後テストを実施しました。まず，知覚テスト（表 3）は，総じて事前より事後の得点が高い正答率となりました。②ミニマルペアテストは，事前から高得点で，事後では ID1 と ID3 が全問正解，聴力が高度重度の ID2 も 1 問間違いであることから，問題が易しかったことが考えられます。

　しかし，単語の頭音の判別を尋ねる③音韻意識（語頭音）では ID1 も ID2 も事後の正答率は事前より低い結果となりました。一方，単語の語末音を尋ねる④音韻意識（語末音）では，ID1 は事前と事後の得点は変わりませんでしたが，ID2 と ID3 は事前より事後の正答率が高い結果とな

表 3．知覚テスト結果（河合，2020）

児童 ID	テスト時期	①非単語 （24 問）	②ミニマル ペア （24 問）	③音韻語頭音 （24 問）	④音韻語末音 （24 問）
1	事前	16 (66.7%)	22 (91.7%)	20 (83.3%)	19 (79.2%)
	事後	20 (83.3%)	24 (100%)	18 (75.0%)	19 (79.2%)
2	事前	20 (83.3%)	22 (91.7%)	23 (95.8%)	19 (79.2%)
	事後	22 (91.7%)	23 (95.8%)	21 (87.5%)	21 (87.5%)
3	事前	22 (91.7%)	23 (95.8%)	19 (79.2%)	20 (83.3%)
	事後	21 (87.5%)	24 (100.0%)	20 (83.3%)	23 (95.8%)

りました。頭音の判別を尋ねる③語頭音に比べ，語末音の判別を尋ねる④語末音の方が得点が高いのは，残響音の差が要因として挙げられます。

　3名とも事前から比較的点数が高かったのは，CD プレーヤーの音源を聞かせるのではなく，防音性能の高いきこえ教室で英語母語話者が対面で問題を直接発音するという合理的配慮をおこなったことも要因として考えられます。さらに高得点を得た要因として考えられることは，高学年の聴覚障害児は，英語音声を指導する前から傾聴姿勢が徹底されていたということです。3名とも，英語母語話者の口形をしっかり注視しながら集中してテストを受けていました。

明示的な音声指導の成果—発音する力—

　産出テストでは，評価者3名で評価をおこない，さらに実験群と統制群のエラーの特徴に違いがあるのかを観察しました。表4にエラーと評価された音素の割合を種類ごとに示します。図6はそれをグラフで示したものです。

　事前で実験群・統制群ともに最もエラーが多いのが /r//l//w/ などの側音・半母音でした。/s//z//f/ などの摩擦音は，実験群だけでなく統制群でもエラー率が高いことがわかります。

表4. 英語音素産出エラー率（%）（河合，2020）

	母音		破裂音		鼻音		破擦音		摩擦音		側音・半母音	
	現実単語	非単語	現実単語	非単語	現実単語	非単語	現実単語	非単語	現実単語	非単語	現実単語	非単語
実験群事前	22.1	26.5	13.0	10.7	9.7	25.0	31.1	38.5	41.7	5.6	60.3	40.7
実験群事後	11.7	22.1	9.4	16.0	6.9	0.0	27.8	32.3	20.8	5.6	51.3	25.9
統制群（聴児）	20.8	30.3	5.2	8.4	4.2	15.0	10.7	16.3	37.5	3.3	38.5	26.7

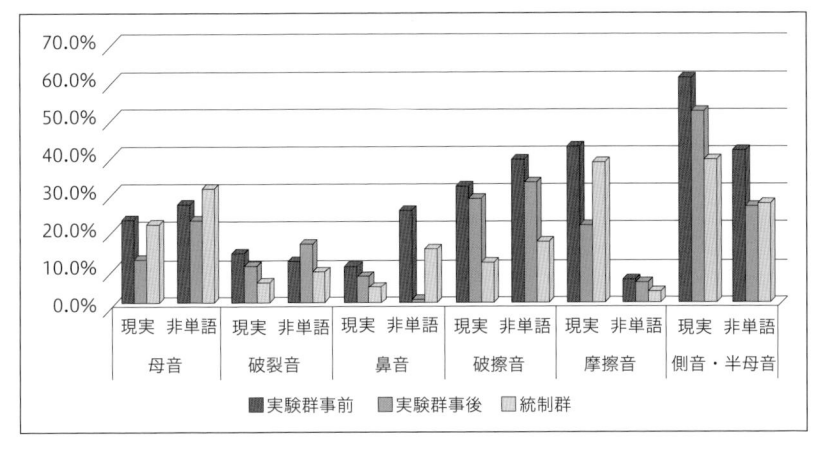

図 6. 実験群と統制群の産出音素のエラー率（河合，2020）

　両群ともに，摩擦音のエラーは現実単語で高く，非単語ではエラー率がかなり低いことがわかりました。ところが摩擦音に近い /tʃ//dʒ/ などの破擦音は，実験群は現実単語も非単語も 30% 以上のエラー率である一方で，統制群は 10% 台となっています。破裂音や鼻音については，実験群の事前のエラー率は統制群より高いですが，事後のエラー率は両者の差が縮まっており，特に，実験群の非単語の鼻音のエラーは，事後では観察されませんでした。統制群では，側音・半母音の次に，母音のエラー率が現実単語も非単語も高いことがわかりました。

　実験群の事前・事後においては，破裂音の非単語ではエラー率が増え，摩擦音非単語では横ばいでした。それ以外の音素においては，事前より事後のエラー率が低かったことは，個別指導の成果と考えられます。実験群の事後において，最もエラー率が高かったのは側音・半母音で，次いで破擦音でした。実際の個別指導では，子音の指導から開始し，破裂音⇒鼻音⇒摩擦音・破擦音の順序で指導していきましたが，事前から事後は 4 か月間しかなく，破擦音の指導時間が十分取れず，日本人英語学習者が一般的に苦手としている側音・半母音・母音の指導まで到達することはできませんでした。それにも関わらず，それらの音素の産出エラー率が下がっていたことは特筆すべき点です。また，聴覚障害児と聴児の両グループとも

に摩擦音のエラー率が高かったことは，聴覚障害の有無に関わらず周波数の高い英語摩擦音の習得は日本語母語の児童にとって容易ではないことを示唆しており，小学校の通常学級で指導する上で特に考慮すべき点であることがわかりました。

3名の聴覚障害児のうち，ID2は聴力レベルが右 97.5，左 70.0 の高度重度難聴で，右は周波数 2000 Hz では聴力が 120 dB よりもさらに下がっていることから，周波数の高い音の聴取が大変困難であることが事前の段階から予想されました。図7は，現実単語の *sponge* の発音を示しますが，英語母語話者の明瞭な［s］の波形やスペクトログラムに対して，ID2 の事前の［sp］の子音2つはごく微かな呼気で波形もスペクトログラムも認められず，つまり，全く産出されていない状態でした。*sponge* の子音連続の頭音は，4000 Hz 以上の無声摩擦音の /s/ と，後続する /p/ も 1500 Hz 程度の無声破裂音です。高度重度レベルの ID2 にとっては補聴器を装着していても，聞き取れていなかった可能性があります。しかしながら，事後においては，呼気は弱いものの，［s］の波形やスペクトログラムが認められ，後続母音とともに産出されていました。

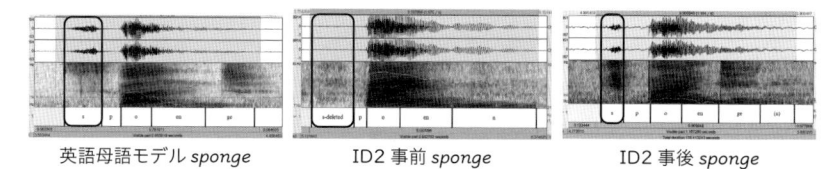

英語母語モデル *sponge*　　　　ID2 事前 *sponge*　　　　ID2 事後 *sponge*

図7．英語現実単語 *sponge* の波形とスペクトログラム（河合，2020）

注．黒枠内は頭音の［s］音を示す。ID2 の事前は頭音の［s］音の呼気が全くないが，事後で頭音の［s］音の呼気が認められ，後続母音が産出されている。

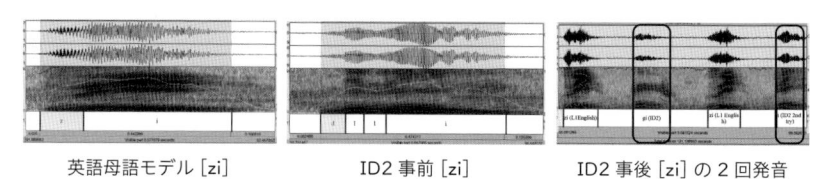

英語母語モデル［zi］　　　　ID2 事前［zi］　　　　ID2 事後［zi］の2回発音

図8．英語非単語［ziː］の波形とスペクトログラム（河合，2020）

注．ID2 事後の黒枠内は2回目の［ziː］発音を示す。1回目よりも2回目で近い音にしようと試みるが，エラーと判定された。

　次に，有声摩擦音 /z/ について，*zoo* の母音を置換して無意味語にした [zi:] の場合，ID2 は事前も事後も誤答と判定されました。事後ではモデル発音に近い音を発音しようと試みましたが 2 回ともエラーと評価者から判定されています（図8）。意味表象を伴わない非単語は，聴力への依存度が大きいため，中度や重度の聴覚障害児童にとっては補聴器を装用していても発音が困難であったと思われます。また，日本語の「ず /dzu/」や「じ /dzi/」と混同している可能性もあります。加えて，英語の /z/ と /dʒ/ は，口元だけではわかりづらく，日本語の構音と類似しており，視覚的な手がかりも少ないので，初習レベルの聴覚障害児童にとっては，口形を見るだけでは判別がしづらかったのだろうと思われます。指導期間中も，アルファベット文字の g/dzi/ と z/zi/ の判別が ID1 と ID2 にとっては非常に困難で，指導に時間がかかっています。目標音素を知覚できるようになっても，構音できるようになるまでにはかなりの時間を要するということが明らかになりました。

4年生から6年生卒業までの長期的な指導の効果

　以上は，約 4 か月間の指導の効果についてまとめたものになります。上記の ID2 と ID3 は 6 年生でしたが，ID1（聴覚障害児 A）は当時 4 年生でしたので，小学校卒業まで引き続き個別指導をおこないました。そこで，ID1 の長期期間に渡る指導の成果をここでまとめます。

　表 5 は，聴覚障害児 A の 4 年次・5 年次の英語能力・注視時間（英語母語話者が発音する口形を注視する時間）・英語学習に対する意識の推移を示します。聴覚障害児 A が在籍する学年の外国語授業では，全クラス（3 学級）で明示的な音声指導をおこない，「傾聴姿勢」の育成に努めました。その効果を検証するため，5 年次では，A が在籍する通常学級の聴児（100 名中の 55 名）にも同様のテストを実施しました。

　その結果，聴覚障害児 A の音韻意識は，4 年次よりも 5 年次でさらに伸び，特に，語末音の判別を尋ねる②語末音は，Time 3 と Time 4 で満点を取っています。4 年次から個別指導を受けていたということもあって，

5 年次の Time 3 の音韻意識テストの得点は，聴児平均よりも高くなっています。しかし，Time 4 の①語頭音が聴児平均よりも低いことから，表 5 の結果と同様，頭音の聴き取りは語末音に比べて難しいことがわかります。

　発音については，③現実単語も④非単語も Time 1 から Time 4 まで概ね伸びていますが，現実単語より非単語の伸びが緩やかです。非単語については，Time 3 も Time 4 も聴児の平均点よりも低いです。このことから，意味表象を伴わない単語の発音は難しいことがわかります。現実単語と非単語の発音テストで英語母語話者の口形を注視する時間については，

表 5. 聴覚障害児 A の 4 年次・5 年次の英語能力・注視時間・英語学習に対する意識の推移（河合，2022）

	変数名	Time 1 4 年次	Time 2 4 年次	Time 3 5 年次	Time 4 5 年次
聴解	① 音韻意識語頭音	20	18	20 (17.7)	18 (19.3)
	② 音韻意識語末音	19	19	24 (18.9)	24 (20.7)
発音	③ 現実単語	72.2	81.6	89.6 (80.3)	86.3 (84.0)
	④ 非単語	72.8	77.7	77.2 (78.4)	78.8 (81.9)
注視時間	⑤ 現実単語			36.8 (27.4)	26.5 (31.6)
	⑥ 非単語			54.4 (49.9)	72.1 (50.3)
英語学習に対する意識	⑦ 文字の認識と読み書き			28 (29.1)	30 (30.4)
	⑧ 英語の音声や発話			14 (19.7)	18 (21.2)
	⑨ 外国語授業中の態度			19 (17.6)	19 (17.6)

注．（　）内は 5 年生聴児 55 名の平均値を示す。①②は 24 点満点，③は 212 音素中の正答率，④は 184 音素中の正答率を示す。⑤⑥は注視時間（秒）である。発音については，Time 1〜2 は直接発音，Time 3〜4 は補聴器を覆うことができる密閉型ヘッドフォンを装着の上，録画されたモデル発音動画を PC 上で見ながら答えた。変数⑤〜⑨については 5 年次（Time 3〜4）のみで計測した。

現実単語も非単語も聴児平均よりも長い時間口形を見ています。現実単語は，Time 4 の注視時間が Time 3 よりも短くなっていますが，非単語は Time 3 よりも Time 4 の注視時間が長くなっています。これは，無意味語は聴力への依存度が高く，英語母語話者の口形から情報を得ようとする意識が働いているものと推察されます。これらのことから，聴取能力が向上しても，聴児に比べ構音を習得するまでには時間がかかり，視覚的な情報保障と長期的な指導が必要であることが示唆されました。

　英語学習に対する意識については，⑦文字の認識や読み書きは Time 3 も Time 4 も聴児と同様に高く，⑨外国語授業中の態度は Time 3 と Time 4 で聴児よりも高いことを示しています。一方，⑧英語の音声や発話では，Time 3 から Time 4 にかけて向上していますが，聴児の平均値と比べると Time 4 でも低いです。聴覚障害児 A は 4 年生から継続的な個別指導を受けており，個人の特性に合ったペースで指導を受けられていましたが，通常学級では多人数の児童と一緒に授業を受け，ALT の発音がスピードが速いので，聞き取りづらく，支援がなければ不安であるという意識が⑧英語の音声や発話の得点に反映されていたと推察します。

　その後も個別指導を 6 年卒業前まで続けた結果，検定教科書の最終単元の課題発表を堂々と披露し，学習不安が軽減されている様子が見受けられました。課題発表では破裂音や摩擦音の脱落やエラーが数か所散見されるものの，複数音節の発音は明瞭であり，全体的に発話能力が改善されていることが認められました。

　このように，個別指導を長期間ねばり強くおこなった結果，聴児に比べ習得に時間はかかるものの，聴取能力も発音する力も事前よりも向上しました。英語の「音がわかる」ことで，通常学級内で外国語授業を受ける際の意識もポジティブに変容していきました。個別指導や通常学級で聴児とともに学ぶことで，聴覚障害児の自己肯定感が高まったと思われます。

3 | 指導者にとっての英語音声指導とその意義

聴覚を活用した英語音声指導が可能に

　これまで特別支援学校や特別支援学級では，手話を介す，あるいは，日本語で英語文字にフリガナを振って指導されることが当たり前であったようです。しかしながら，補聴器や人工内耳などの医療技術の進歩により，聴覚を活用しながら英語音声を英語音声のままで聞き取り，口話（話し手の口元などの視覚情報から話の内容を判断する方法）によって指導することが可能となってきました。いまや手話よりも聴覚口話を活用する聴覚障害児の方が増加しています（大鹿・渡部・濱田，2019）。

　日本語の音韻意識形成においても，音声による聞き取りや口声模倣のような音声的かつ視覚的な情報が極めて有効な手掛かりとなることに留意の上，言語指導を進めていく必要があるように（文部科学省，2020b），英語学習でも英語の音韻意識を育てていくことが学習者の後の読み書き能力を向上させていくことになるのです。通常学級に在籍し，聴児と共に外国語指導を受けている聴覚障害児や聞こえづらい児童生徒数が増加している中で，児童生徒の聞こえの特性を考慮しながら英語音声を指導していくことは十分に可能です。

「傾聴姿勢」の育成がカギ

　そのカギとなるのは，「傾聴姿勢」の育成です。聴覚障害児にとっては，補聴器や人工内耳による聴覚活用を行いながら，話者の口元をよく見て「聴く姿勢」を習慣化することが英語学習の場では特に有効です。聴覚障害児は元々聴覚が弱い分，情報を何とか読み取ろうと話者をしっかり見る習性がありますが，中には自分が持っている情報に頼り切って話者の顔をあまり見ない児童生徒もいます（河合，2019）。日本語にない英語音声を

聴取していくためには，初習の段階で聴覚を活用しながら，英語音素の構音の特徴を理解するために，話者の口形や筋肉の動きを見ることの大切さを徹底して指導していく必要があります。まず，口形がわかりやすい音素から指導をしていくことで「傾聴姿勢」が強化され，聴取能力も高まることで，口形だけでは構音がわかりづらい音素も指導によってわかるようになっていきます。

　このことは，聞こえづらい学習者だけでなく，日本語母語の英語学習者にとっても非常に有効な指導ポイントとなります。公立小学校聴児5年生の英語音素の聴取や発音能力の実態調査を実施したKawai（2017）の研究では，日本語にない英語音素を日本語音素で代替して聴取しており，それが構音に影響すること，英語の母音が子音に比べて聴取も構音も難しいこと，意味表象の有無が聴取や発音に影響する傾向があることが明らかとなりました。そこで，「傾聴姿勢」を徹底し，明示的な英語音声指導を継続した結果，児童は教師が頻繁に注目させる音に気付き，「視覚的な」学習方略を構築することで音素の弁別能力を向上させていることがわかりました。

指導者も音声指導によって成長

　小学校の通常学級に在籍している聴覚障害児に英語音声指導を担当された，きこえ学級（聴覚障害特別支援学級）担任のA先生の指導の様子と変容について紹介します。

　A先生と初めてお会いした当時は，通常学級で外国語の授業を受ける聴覚障害児を支援する方法として，児童の傍で英単語や文にカタカナを振っていらっしゃいました。筆者が「日本語を書いて支援なさっているんですね」とお声掛けすると，「それしか方法がわからなくて…私自身も英語が苦手ですし，支援方法もわからないんです」とおっしゃいました。

　そこで，A先生に音声指導法の研修を受けてもらい，まず筆者がT1として聴覚障害児に個別指導をおこないました。A先生にも同席してもらっ

て指導のコツを少しずつつかんでもらいながら，次第にA先生にT1を担当してもらいました。筆者の指導を受けて聴覚障害児が英語の音を聴取し，少しずつ言えるようになることで，指導すれば「できるようになる」効果を実感したA先生は，ご自分も発音トレーニングをされました。すると，A先生は筆者が不在の日でも，積極的に1人で個別の指導に取り組まれるようになりました。

コロナ禍においても，ALTと個別指導においてティームティーチングを実施され，指導カリキュラムや指導案をご自身で立案されるようになりました。英語の個別指導を受けていたのは，当時は聴覚レベルが軽度から重度までの，学年も異なる難聴児でしたが，それぞれの聞こえの特性や日本語の構音力や学力なども考慮され，それぞれの児童に適切な個別指導を展開されるようになりました。

コロナ禍の当時，マスクをつけた状態では対話者の声がよく聞こえない，聴覚障害児自身も声がこもって明瞭に伝えられない，集団行事では誰が話しているのかわからないというような支障が出ていました。そのような中，A先生は，マスクを着用していても自分の表情が伝わるように目元の表情を明るくして，要点をゆっくり，わかりやすく，短く言うなど，聴覚障害児に不安感を与えないように努めていらっしゃいました。

外国語の個別指導では，通常学級の外国語授業と連動させ，特に高学年児童には検定教科書の単元学習において聴覚障害児特有の語彙に関する知識不足を補うために，様々な工夫を凝らしていらっしゃいました。例えば，通常学級で使用している単語の絵カードだけではなく，児童に見合う教材や絵本を用意され，コンテクストの中で語彙を発音させ，頭音や語末の子音を丁寧にチェックしていました。また構音が難しい単音子音や連続子音をALTに発音してもらいながら何度もその語彙に触れさせ，内容に対する理解を促進するような音声指導と単元内容を統合したスパイラルな指導を続けられました。その結果，通常学級内でも聴覚障害児は自信を持って学習に取り組めるようになり，英語音声の聴取や産出能力が向上していったのです。

A 先生は，ご自身の指導を以下のように振り返っていらっしゃいます。

　聴覚障害児に外国語指導を担当するまでは，日本語文字の表記によって支援し，発音が苦手な児童には「言えない」カードを上げてもらって，場合によっては無理して発音しなくていいと言ってあげることが配慮だと思っていた。それが筆者が実践する通常学級外国語授業に支援員として参加し，英語音声指導を聴覚障害児と一緒に体験することで根底から覆った。

　実践を始めた当初は，通常クラスでいつもおこなっていた英語のあいさつの意味が全くわかっていなかったことに衝撃を受け，個別で明示的に指導しなければと自覚した。日本語構音は指導していたが，私自身英語が苦手でできないという意識を反省・自覚し，教えられるように発音練習をした。顔や口を見るように徹底して指導すると，次第に児童の傾聴姿勢ができ，児童も音声の判別ができるようになったり，言えたりすると，それ自体が楽しいと感じるようになったようである。児童自ら発話し，発音し，相手に伝えるようになった。音がわからないとコミュニケーションも育たないと自分自身が実感した。そのためには正しい音を自覚させなくてはいけないことも痛感した。

　正しい音を教えるにあたって，口形を見るという基本的な姿勢を指導した。高学年児童には，舌の動き，文字との一致の指導は効果が大きかった。低学年に関しては，コンテクストのある英語の読み聞かせや英語の単語で話しかけることによって，児童の理解が向上したように思う。絵カードや絵本で視覚を刺激しながら，意味を理解させるということが大きかった。

　その結果，個別指導の英語を楽しむようになり，意味がわかるようになったと児童自身が言い出した。実際に児童の英語発音が良くなっていると思う。補聴器を通してだが，通常学級の授業中でも，あの騒音の中で特に重度の子がいい発音をするようになった。通常学級は音環境としては整備されておらず，みんなが話している中で，自分の声も聞こえていない状態だったのが，自分の声を聞いて正しい発音をしようと努力しているところが大きな変化であると実感している。

今後増加するであろう公立小学校在籍の聴覚障害児の支援体制におい
て，通常学級英語と特別支援の個別指導の連携が絶対に必要である。通
常学級の担任はクラス児童全員の発音を個別に把握できていないのが現
状で，4年女児の個別指導の授業を見てもらう機会を設けたところ，そ
こまで発音できるということにびっくりしていた。現在の英語授業の評
価は，元気よく表情よく大きな声で言えているか，英語への慣れ親しみ
や積極的な態度，異文化理解への興味というような観点だけで評価され
ており，今後担任にとって英語音声を評価するということが必要になっ
てくる。実践するようになって，家庭でそれまで英語のことを一切言わ
なかったのに，英単語や習ったことを児童が話してくれるようになった
とのフィードバックを保護者からもらっている（河合，2022，p. 27）。

　聴覚を活用しながら英語音声を指導することの大きな意義の1つは，
指導を担当される先生自身が指導を通じて大きく変容し，指導能力が向上
することによって，指導に自信が持てるようになることです。

写真 1．コロナ禍の個別指導の様子（きこえ学級担任は，ALT とティームチン
　　グ（TT）で音声指導や単元の補習をおこなった）（河合，2021a）

4 ｜ 傾聴姿勢の育成と音環境の整備

4.1　通常学級の外国語学習の音環境

　聞こえづらい子どもの個別指導をおこなうにあたって，対象児童の英語能力やモチベーションの向上を目指すためには，在籍する学級や学校全体の学習環境を改善していくことや全児童生徒の傾聴姿勢を育成していくことが大変重要です。個別指導教室と通常学級教室の環境差をなるべくなくして児童生徒が学びやすい環境づくりを推進していくことも，学校や教師の義務であると考えます。教室の音環境が改善されることは，聴覚障害児だけでなく，すべての児童生徒にとって英語音声を聞きやすくなることを意味し，聴解能力が上がれば英語の音韻意識だけでなく，読み書きのリテラシー能力を高めることにもつながります。

　経済協力開発機構（OECD，2020 年版）のデータによれば，わが国の公立小学校通常学級の平均児童数は 27.2 人，中学校の平均生徒数は 32.1 人です。世界主要 27 か国の平均 21.0 人（小学校），23.2 人（中学校）に比べてずっと多いことがわかります。教室の在籍人数が多ければ多い程，人体吸音の効果によって教室後方に座っている児童生徒には教室前方で話している教師の声が聞こえづらくなってしまい，教室内の全ての児童生徒に公平な聞こえを保障することが難しくなります（西沢・佐久間，2008）。

　学校環境で起こり得る騒音は，教師や児童生徒の話し声や机や椅子を引きずる音，エアコンの機械音など教室内で発生するものと，近隣教室やグラウンドなどの教室外部から発生する騒音等が考えられます。わが国では，『学校環境衛生管理マニュアル（文部科学省，2018)』の中で，児童生徒が不在で窓を閉めた状態で LAeq 50 dB 以下，窓を開けた状態で LAeq 55 dB 以下を「騒音基準」として定めています。日本建築学会（2008）では，40 dB 以下を推奨しています。これに対して，欧米諸国の基準値は 30 ～35 dB（冨浦，2015）としており，日本の基準が緩いことがわかります。

海外の教室環境に関する規制と合理的配慮

　アメリカでは，聴覚障害児・生徒が含まれるインクルーシブ教育が実施される教室の音響に関する規制が厳しく定められています。教室内の座席位置，声の大きさ，聴児とのやり取りの場面における注意事項，聴覚障害児・生徒への合理的配慮が以下のように詳細に決められています。

●座席は，前方の両側が見渡せる席に座らせる。ただし，教師から近すぎると（つまり前方過ぎると），聴覚障害児が顔をずっと見上げなくてはならないので避ける。話すときは，唇の動きが見えるように，顔をまっすぐ正面に向ける。

●声の大きさは，自然なスピードで明瞭に文中の強勢をはっきりと，まとまりある箇所でポーズを置く。口を大げさに動かし過ぎるのもよくないし，口元を隠したり，もごもごするのもよくない。

●聴覚障害児に教師が言ったことを繰り返すように言うと，困惑する場合がある。このような場合には，他の児童生徒がいないところで情報を確認して行わせるなど，心理面に配慮する。

●クラスメートとの会話やディスカッション中の様子を監視する。聴覚障害児に話者が誰なのかわかりやすいように，他の児童生徒（聴者）には，はっきりと話すように伝える。グループディスカッションの際は，馬蹄（コの字）形に座らせ，話者の口形が見えるようにする。

●間違った発音を他の児童生徒の前で指摘しない。その日の授業終わりにおさらいするなどして，心理面に配慮する。

●教室のノイズをコントロールする。特に対話者以外のノイズを抑制しないと，人工内耳や補聴器がそのノイズも拾ってしまい，聞き取りの妨げになることがある（Easterbrooks & Estes, pp. 98-99, 2007）。

海外のインクルーシブ教育の音環境対策

このような配慮事項に加えて，アメリカやオーストラリアなどでは，イ

ンクルーシブ教育が実施されている教室内で平等な聞こえを実現する SFA（Sound Field Amplification の略で，日本語では音場増幅補聴援助システム，Rosenberg, 1999）が普及しています。これは，教師の声を教室内に均一に提供するために，ワイヤレスマイク，レシーバー，アンプ，スピーカーなどの音響機器を教室内に配備し，全ての児童生徒の聞こえを保障するシステムです。

　このシステムを導入したアメリカ・イリノイ州のある小学校では，システム導入前と比べて小学 3〜6 年生の学業成績が有意に伸び，教師も声を張り上げて喉を傷めるような負担が減ったそうです。このシステムは聴覚障害児だけでなく，教室内の後方に座っている児童生徒，学習面で苦労している，発達障害がある，英語を外国語として学んでいる児童生徒にとっても有効であるとされています（Extron Electronics, 2008）。わが国では残念ながら SFA は学校環境にほとんど導入されていません（冨浦, 2015）。

想像以上に賑やかな公立小学校の外国語学習の音環境

　公立小学校中学校では，児童生徒が大人数で音声によって教育を受けていることから，当然騒音が発生しています。特に外国語の授業は，やり取りを中心に様々なコミュニケーション活動を展開していくため，賑やかなイメージがあります。それでは，外国語の授業中にどれくらいの騒音が発生しているのでしょうか？

　河合（2019；2021b）では，聴覚障害児が在籍している公立小学校で外国語授業が実施される 3 教室（①遮音性能のある聴覚障害特別支援学級教室，②聴覚障害児が在籍する高学年通常学級教室，③低学年の聴覚障害児が通常学級児童とともに外国語授業を受けている英語ルーム）で外国語授業中の騒音値を計測しました。

　その結果，各教室の平均騒音値は，① 61.7 dB，② 67.9 dB，③ 73.6 dB で，低学年の英語ルームが最も平均値が高く，続いて高学年の通常学級教室で，個別指導を実施しているきこえ学級教室の平均値が有意に低いこと

表6. 公立小学校3教室の騒音平均値dB（*LAeq*）の記述統計（河合，2021b）

教室	平均騒音値	標準偏差	最低値	最高値
① きこえ学級教室	61.7	7.29	38.0	82.3
② 高学年通常学級教室	67.9	8.14	43.6	100.3
③ 低学年用英語ルーム	73.6	7.74	52.3	94.9

がわかりました。最高値は，高学年通常学級教室が100 dB，英語ルームでは94 dBと，きわめてうるさいレベルだということがわかります（表6）。平均値でも集中力の低下が起こるうるさ（表7参照）だということがわかります。

表7.「うるさ」の指標（降旗・柳沢，1995）

dB	うるさ	音の例
100〜120	きわめてうるさい （会話・電話が聞き取れない）	自動車の警笛（1m前） 電車が通るガード下
80〜100		建設工事現場 電車の中，犬の鳴き声
60〜80	うるさい （集中力の低下）	幹線道路の交差点 バスの走行音，掃除機・洗濯機
40〜60	気にならない （睡眠妨害）	静かな事務所 図書館 静かな講演
20〜40	静か	ささやき声 郊外の公園
20以下		呼吸の音

　このような騒音値の実態から，外国語を学習する教室環境は，聴覚障害児だけでなく，発達障害を持ちAPDの特徴を有する児童生徒や，障害がない児童生徒にとっても，聞き取りづらい状況であることが懸念されます。加えて，日本語母語の子音＋母音のモーラ単位に慣れている日本人は，日常生活の中で英語子音を聞き取る機会はありません。喧噪の中で英語音素を聞き取ることは聞き取りに困難さを抱えていなくても，集中して傾聴姿勢をとる必要があるのです。

他教科でも相当な騒音が発生

　教室である程度騒音が発生するという状況は，外国語の授業に限ったことではなく，通常学級教室で指導される他教科（国語・算数・理科・社会・図工）でも，外国語授業の平均値よりは有意に低いものの表 8 の「うるさい」レベルの騒音が発生していることがわかりました（河合，2021b，表8 参照）。このことから，外国語授業だけでなく，他教科においても，傾聴姿勢を身に付けさせ，聞こえづらい児童生徒に合理的配慮を実施していく必要があります。

表 8．5 年生通常学級の外国語授業と他教科の騒音平均値 dB（河合，2021b）

教科	平均値（dB）	標準偏差
外国語	67.88	2.428
他教科（国語・算数・理科・社会・図工）	63.23	3.332

外国語授業の活動別の騒音の実態

　それでは，外国語授業中は，どのような活動の際に「うるさい」騒音レベルに達しているのでしょうか？　高学年の外国語科では，5 領域（聞く・読む・話す【やり取り】・話す【発表】・書く）に関わる活動をまんべんなくおこなっています。読み書きの活動中も発音しながら読んだり書いたりしますし，コミュニケーション活動を促進していくために，やり取りでは，対話者を次々と変えてインタラクティブに活動していきます。河合（2023）では，外国語授業中の様々な活動を次ページの表 9 のように区分しました。さらに聴覚障害児が在籍する 5 年の通常学級で外国語授業中の騒音値を測定し，活動ごとの騒音値の平均値を算出した内容を，図 9 のグラフで示します。

　最も騒音平均値が高いのは，①やり取りで平均騒音値は 70.8 dB で，次いで②インタラクションの 69.4 dB，次に③体感で 68.5 dB，④発音の 67.7 dB，教師の⑤指示や指導（66.8 dB）や⑥発表（66.7 dB）でした。

表 9. 外国語授業中の活動分類（河合，2023）

活動の分類	活動例
① やり取り	・目標表現を使った会話をペアで練習する。 ・教師対児童で挨拶をする。
② インタラクション	相手を変えながら，目標表現のやり取りをしている（児童も教師も教室中を立ち歩いている）。
③ 体感	単語内の音節数を理解するために，発音を聞いて音節数をクラッピングする。
④ 発音	教師の発音を真似て発音する。
⑤ 指示や指導	・タスクについて教師が指示を与える。 ・目標表現や単語の意味や文構造等について説明している。
⑥ 発表	児童が目標表現を発表している。
⑦ リスニングと書き	教師の発音や音源を聞いて対応する文字を書いている。
⑧ 教師デモ	教師同士が目標表現のやり取りをデモしている。
⑨ 書き	指示のあった単語を写し書きしている。
⑩ リスニング	教師の発音や音源をリスニングしている。
⑪ 読みと発音	アルファベットの名前や簡単な単語を読みながら発音している。

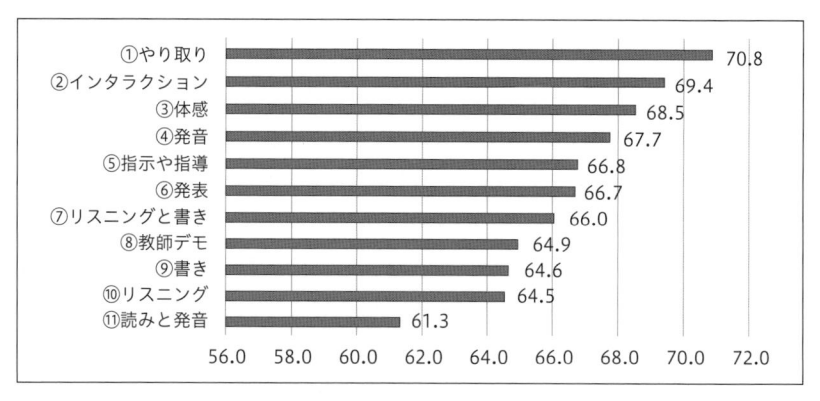

図 9. 外国語授業中の活動別平均騒音値（騒音値は 56.0〜72.0 dB の範囲）（河合，2023）

　一方，最も平均騒音値が低かったのは，⑪読みと発音の活動で 61.3 dB，次いで⑩リスニングの 64.5 dB，⑨書きの 64.6 dB，⑧教師デモ（64.9 dB），⑦リスニングと書き（66.0 dB）でした。総じて，「話す」技能の騒音値が高く，中でも対話をする①やり取りや②インタラクションの騒音値が高く，読みながら発音したり，リスニングや書きの活動の平均騒音値は比較的低いことがわかりました。

　すべての活動は 60 dB 以上であるので，「うるさい」数値であると言えます。しかしながら，最も平均値の低かった⑪読みと発音の 61.3 dB は，防音施工のきこえ学級教室の外国語個別指導の平均騒音値 61.7 dB よりやや低く，通常学級で 30 名以上が在籍していることを考慮すると，許容範囲の数値と言えるかもしれません。

「静かさ」を実現できる「発音」の活動

　上記のような騒音値調査の結果でしたが，この学級には聴覚障害児が在籍しており，日ごろから傾聴姿勢を徹底して指導していました。そのため①やり取りや②インタラクション活動以外は，うるさいという感覚があまりありませんでした。

　そこで，さらに騒音値と授業を録画した動画を照合してみました。すると，「話す」領域でも活動によって，騒音値の発生状況が異なることがわかりました。児童が対話をおこなう①やり取りや②インタラクション活動では，児童が次々と相手を替えながら話したり，教室を立ち歩くので常に「がやがや」として教室全体が常に騒がしい状態になっています。一方，

写真 2．やり取りの活動（左）と発音の活動（右）（河合，2023）

④発音では，ALT が目標語彙を発音する直前に児童が一斉に ALT の口形を注視した途端，教室内がし〜んと「静けさ」を実現していることが観察できました。発音において，騒音値が上がるのは，ALT や児童が声を出して発音している瞬間でした（前ページ写真 2．発音の活動（右））。

　このように，発音する直前の「静けさ」を実現させることこそ，通常学級の一斉指導においては極めて重要な指導ポイントであると思われます。この学年では，年度当初から英語音声の聞き取りの際は，静かにして発話者の口形を見る「傾聴姿勢」の指導が徹底しておこなわれていました。例えば，アルファベットジングルの際，教室後方のビデオカメラ位置からも ALT が発音する摩擦音 /s/ が明瞭に聞き取れていました。

　既に序章 2 節で述べたように，英語音素はそもそも日本語音声よりも周波数が高く，その中でも /s/ 音は英語子音の中でも特に周波数が高いので，聴覚障害者や聞き取りに困難を抱える児童生徒だけでなく，日本人聴者にとっても大変聞き取りづらいのです。ましてや，教室内ががやがやとした喧噪状態であると英語子音を聞き取ることは困難です。この学級では，発音指導の際に ALT が発音する時には必ず集中して静かに注視し，ALT が発音した後ははっきりした声で真似して発音してみることを，担任が繰り返し児童全員に注意喚起していました。同様に，リスニングを主とする活動の際も，ALT の発音や ICT 教材をまず一斉に注視して聞き取り，教科書に答えを書き込んでいる様子が観察されました。

写真 3．5 年生通常学級担任と ALT が外国語授業において音声指導をする様子

4.2　外国語指導における指導連携体制づくり

　小学校でも中学校でも聴覚障害児に外国語を指導する先生は，1人で思い悩まず，外国語指導を担当する通常学級担任やALTなどと情報を共有することが非常に大切です。担任の先生や中学英語科の先生は，一斉指導は得意ですが，聴覚障害児の例えば構音力，音の聞き取りの特性はあまりご存じではないかもしれません。一方，特別支援学級の先生は，英語のカリキュラムや指導体系などをもっと知りたいと思っていらっしゃるでしょう。また，ALTにも「このような特性を持つ児童生徒がいる」という情報を共有すれば，次回の授業では，例えば，アルファベットジングルや単語の発音の際には，少しゆっくり目に発音していただけるでしょう。

　実践例として，河合（2021c）の研究から，公立小学校5年生（3学級，100名）において構築した指導連携体制を紹介します。この学年には聴覚障害児だけでなく，発達障害，外国籍，学力遅滞，構音障害など，特別な支援を要する児童だけでなく，外国語授業に対して苦手意識がある児童もいることが筆者の授業観察や担任からの聞き取りでわかっていました。そこで，事前に英語音韻意識テストを実施して上位群と下位群で分け，事前事後で児童の英語能力（音韻意識・発音），発話者の口形を注視する時間，外国語授業に対する意識の変化を調査しました。

　そのために，まず，授業に関わる教員全員（通常学級担任，きこえ学級担任，ALT，支援員，筆者）で指導連携体制を構築しました（図10参照）。授業

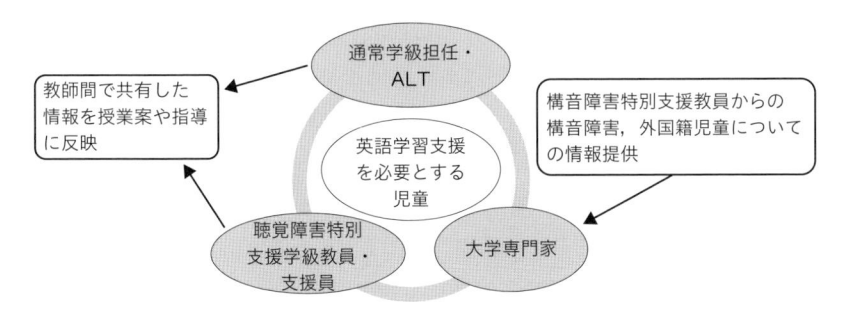

図10. 外国語授業の支援連携体制構築の枠組み（河合，2021c）

運営者らは授業前の打ち合わせで児童の情報や指導の留意点を共有し，できるだけ授業内で授業運営者らが協力して机間指導をおこないました。

　具体的には，ALT が発音を指導したり，ワークシートの問題を発音して出題している最中は，担任・きこえ学級担任・筆者らが机間指導をおこない，担任が T1 として指導している最中は，ALT・きこえ学級担任・筆者らが机間指導をおこなって，常に「傾聴姿勢」を意識させ，英語学習に困難を抱える児童が授業内で「わからない」状況を未然に防ぐことに努めました。さらに筆者は，この学校の構音障害担当の特別支援教育教員から構音障害を持つ児童や，外国籍で支援を必要とする児童についての情報を提供してもらい，支援方法を検討し，授業運営者らと共有しました。

指導連携体制によって児童の英語能力が上昇

　その結果，表 10 に示すように，上位群では③現実単語発音，④非単語発音，⑦文字の認識と読み書き，⑧英語の音声や発話において，下位群では，①音韻意識語頭音，②音韻意識語末音，③現実単語発音，④非単語発音，⑦文字の認識と読み書きにおいて，事前より事後の得点が有意に高い結果となりました。

　上位群では，聴取能力を測る音韻意識テストの正答率が事前から高いことがわかります。発音や英語音声に対する意識が事前より事後で高かったことは，ALT が発音する口形に注目して発音方法を明示的に指導されることにより，視覚的な学習方略を構築し，正確に発音しようとする意識や学習に対する意識が高揚したと考えられます。

　下位群では，知覚・産出能力ともに事前より事後が有意に向上していました。明示的な音声指導をおこなうことで，音声を「聞く」だけでなく，ALT が発音する口形を注視するように常に担任らが声がけをし，傾聴姿勢を育成したことが音素の知覚能力を高め，さらには産出能力の結果に結びついたと考えられます。傾聴姿勢の効果は，注視時間（英語母語話者の口周辺を注視する時間）が現実単語では 5.9 秒，非単語では 7.1 秒ほど事前より事後の注視時間が伸びていました。非単語注視時間の事後では，下

表 10. ５年生児童の上位・下位群の事前・事後のテスト結果
（N＝55，上位 n＝30，下位 n＝25）（河合，2021c）

変数	群	事前平均値	事後平均値	p 値
①音韻意識語頭音（24 問）	上位	20.5 (1.84)	20.8 (1.79)	.551
	下位	13.8 (4.38)	17.5 (4.33)	.000
②音韻意識語末音（24 問）	上位	21.8 (1.75)	22.1 (1.05)	.266
	下位	15.8 (4.59)	19.2 (3.48)	.001
③現実単語発音	上位	84.2 (8.30)	85.6 (5.36)	.006
	下位	76.6 (7.92)	82.1 (4.61)	.000
④非単語発音	上位	80.7 (7.11)	83.2 (4.14)	.004
	下位	76.3 (8.07)	80.9 (5.72)	.009
⑤現実単語注視時間	上位	33.5 (23.34)	39.2 (29.42)	.281
	下位	22.1 (14.07)	28.0 (20.42)	.197
⑥非単語注視時間	上位	54.5 (29.63)	53.1 (26.56)	.402
	下位	45.8 (18.60)	52.9 (22.11)	.120
⑦文字の認識と読み書き	上位	30.6 (3.04)	31.5 (2.21)	.007
	下位	26.2 (5.95)	29.0 (5.14)	.005
⑧英語の音声や発話	上位	20.7 (3.35)	22.5 (2.69)	.005
	下位	17.6 (4.88)	19.2 (4.36)	.086
⑨英語授業中の態度	上位	18.3 (2.17)	18.5 (2.39)	.305
	下位	16.7 (2.37)	16.6 (3.01)	.439

注. （ ）内は標準偏差を示す。テストは，聴覚障害児 A に実施した表 5 と同じ。①②
は 24 点満点，③は 212 音素中の正答率，④は 184 音素中の正答率を示す。⑤⑥は注
視時間（秒）である。

位群（52.9秒）が上位群（53.1秒）にほぼ追いついていました。

　つまり，下位群の児童も視覚的な学習方略を構築しつつあることが推察され，授業中の傾聴姿勢の育成の成果が事後のテスト結果に繋がったと思われます。特に，意味表象を伴わない非単語は，聞くだけでなくモデルの口形に注視しないと真似できないことから，徹底した傾聴姿勢の指導が発音テスト中にも影響したと考えられます。英語学習に対する意識については，⑦文字の認識と読み書きにおいて事前より事後が有意に向上していました。

下位群の英語能力向上の要因

　下位群が事後で伸びた要因としては，学年内の外国語指導連携体制が上手く機能していたことが挙げられます。通常学級内の一斉指導においては，教員が一丸となって足場掛け（scaffolding）を行いながら傾聴姿勢育成の取組みをおこなったことによって，学級の雰囲気が良くなり，ワークシートやコミュニケーション活動中に児童が活発に相互交流を進め，上位群の児童が下位群の児童を手助けするような場面も数多く観察されました。教員らは，あらかじめ指導案をよく読み，専門家である筆者からの指導ポイントを確認することによって，英語学習に困難を抱える児童に対して積極的に机間指導を行って助言をしたり，わからない発音を指導することができるようになっていきました。通常学級の担任らは，指導開始直後は発音に自信がない様子でしたが，ティームティーチングの中で英語音声に関する知識を次第につけ，ALT が発音指導をする際は児童へ発音を「見る」ことに集中するように声がけをすることを心がけていました。その結果，教室内の騒音を下げ，聞こえづらい音素も後方の児童に聞こえるようになり，より一層児童の英語音声に対する意識が高まったと考えられます。

5 ｜ 外国語授業の合理的配慮や 支援の具体

　ここでは前節で紹介した検証結果から得られた教室内の騒音値の実態をもとに，通常学級教室での外国語の授業において，どのように合理的配慮や支援をおこなっていくべきか具体的に述べていきます。前節で紹介したように，個別指導と通常学級間で外国語指導の連携体制を構築することが通常学級内の合理的配慮にも大きく影響します。

日本語文字を介さない支援方法

　まず，机や椅子にスポンジをつけられている，補聴器装用者のために，話者が「ロジャーマイク」というデジタルワイヤレス補聴援助システムを活用することを前提として具体的に説明していきます。ティームティーチングでの授業運営の場合は，授業中に主に英語を話す ALT がロジャーマイクを使い，その声が補聴器に受信されるように聴覚障害児の聞こえの保障をおこないます。

- **●傾聴姿勢の徹底**：学級内の聞こえづらい児童生徒が聞こえやすいように，全ての児童生徒に「見る」傾聴姿勢を徹底する。アルファベットジングルや語彙の発音指導の際には，指導する教師の口形や周辺の筋肉の動きをまず見る，そして，模倣して発音することを促す。
- **●外国語授業全般の配慮について**：聞こえづらい児童や聴覚障害児には，教師の顔がよく見える前方に座らせ，高周波音域の聞こえの明瞭度を高め，音の拡散を防ぐ指向性の高い移動設置型支援スピーカーと専用マイク*を机に設置するとよい。
  　ICT 端末に接続したテレビモニターから映像を視聴する場合やリス

---

*高周波音域の音がクリアに聞こえる指向性の高いスピーカー Comuoon SE を使用。
https://cpos.u-s-d.co.jp/detail/CS6VB

ニング問題を実施する場合は，支援スピーカーとテレビを接続して聴覚保障をおこなう。それでも理解が難しい場合は，教師や支援員が児童の側で学習サポートをおこなう（写真4）。ただし，単語や文にカタカナを書いて示すことはしない。CD プレイヤーのみの使用は，周波数域が限定されており，聴覚障害児には聞こえづらいため，極力使用せず，ICT 端末と連動したテレビスピーカーから音声を流す。

- ●「やり取り」の活動：目標表現についてヒントを与えて質問の意図を理解させ，答えを引き出すような足場掛けをおこなう（次ページ写真5）。単語や文にカタカナを書いて示すこととはしない。
- ●「インタラクション」：学級児童が一斉に取り組む対話活動では，ロジャーマイクを対話者の児童に渡して聴覚保障を行う（次ページ写真6）。「やり取り」の場面と同様に，単語や文をカタカナを書いて示す筆記要約は行わない。
- ●「発表」：ロジャーマイクを発表者が持つことで，聴覚保障をおこなう（次ページ写真7）。聞こえづらい児童や聴覚障害児は，発表者の顔がよく見える位置に座る。教師は，発音と同様に，傾聴姿勢を促す。
- ●「発音」指導：発音を担当する教師がロジャーマイクを持ち，発音指導の際の口形を一斉に見て「静けさ」をつくり出す傾聴姿勢を徹底する。ALT が発音を担当する場合は，担任や支援担当教員が傾聴姿勢を促す（写真4）。
- ●「発音」「リスニング」「読み書き」の活動：聴覚障害児の机に支援スピーカーを置くと，教室後方まで聞こえづらい英語子音が聞こえるようになる。ICT 機器を使用する場合は，連結装置と支援スピーカーをペアリングして音声を再生し，聴覚保障をする（写真4）。
- ●授業に関わる指導者全員が指導案や教材を共有し，授業内容をよく理解した上で，学習不安や支援が必要な児童への机間指導や個別のケアを指導者間で積極的におこなう。

写真 4．外国語授業全体の様子（①発音を指導する ALT はロジャーマイクを首から掛け，補聴器に声が届く。②聴覚障害児の前には支援スピーカーが設置され，ICT のリスニング問題の際には，テレビモニターに接続する。③支援員は，それらの聴覚保障を用いても理解が難しい際に説明をするが，英単語や文にふりがなを振ることはしない。）（河合，2023）

写真 5．聴覚障害児と隣りの児童のやり取りを支援するきこえ学級担任（ヒントを与え，要約筆記を行わない）（河合 2023）。

写真 6．インタラクション活動の際は，対話者にロジャーマイクを使って聴覚障害児と話してもらう（河合，2023）。

写真 7．児童の発表の際は，聴覚障害児童に聞こえるよう，ロジャーマイクを使用する（河合，2023）。

外国語授業における合理的配慮の実践結果

このような合理的配慮を実践した結果，後方に座っている児童から「英語の音がよく聞こえる」という声が上がりました。日本国内では，SFAシステム（4.1 参照）がほとんど導入されていませんが，この移動型支援スピーカーであれば通常学級教室だけでなく，音楽室や理科室などの特別教室でも使用できるので，他の教科での支援や全ての児童生徒に同様の聴覚保障が可能となります。

日本語を介さない支援

外国語授業中に，支援員はカタカナを書いて支援することはしていないことが授業動画から観察されました（前ページ写真 4〜6）。この聴覚障害児は，前年度の 4 年次からきこえ学級担任から自立活動として口話による英語音声指導を受けるようになると，日本語を介さずとも，話者の口形や筋肉の動きを「見る」傾聴姿勢が育成され，発音テストで事前より事後で点数が高かったことが報告されています（pp. 33〜35 参照）。

そこで，きこえ学級担任や支援員は，コミュニケーション活動が円滑にできるように聴覚障害児を支援するが，あくまで音声によって意図を伝えることを徹底しました。例えば，聴覚障害児が隣席の児童と「やり取り」の練習をする際，相手児童の質問が聞き取りにくかった場合，きこえ学級担任は 2 名の間に入って，相手児童に再度大きな声で言うように促したり，担任自身が対話者の質問を繰り返したり，聴覚障害児が何と言っていいのかわからなかったり，発音方法がわからない場合は，ヒントを出して答えやすいように足場掛けをおこなっていました（写真 5）。

児童同士のやり取りや発表の際の支援

別の授業日では，クラス全体で目標表現を使って児童同士で対話をおこなう「インタラクション」活動をおこなっていました。この際，聴覚障害

児の支援員は，対話者の児童にロジャーマイクをすぐに渡し，がやがやとした喧噪の中でも聴覚障害児の聞こえの保障をすることに努めていました（p. 55 写真 6）。

　また，児童の発表の際は，聴覚障害児のそばに座って支援する支援員は，発表者の音声が聞こえているかどうかを聴覚障害児に尋ねている様子が授業動画から観察されました。この学級では，発音を担当する ALT がロジャーマイクを持つことが最も多いのですが，児童が発表をする際は，発表者にロジャーマイクを渡して聴覚保障をおこなっていました（p. 55 写真 7）。

　これらの具体的な配慮は，授業回数を重ねていくうちに，教師らの傾聴姿勢の指導とともに徹底され，「対話的に話す」活動，「聞く」ことが中心の活動，「聞いて見て発音する」活動間の「静けさ」と「賑やかさ」のメリハリがつき，それまで通常学級の一斉指導では「聞き取りづらい音がある」と不安を漏らしていた聴覚障害児も 5 年次後半では，積極的に対話活動に臨んでいる様子が観察されました。また，学級内の児童も配慮を行う教師に積極的に協力し，外国語授業中に英語音声を「聞く」ことに全員が集中している様子が授業動画から散見されました。また，このクラスだけでなく，5 学年全体に「傾聴姿勢」が徹底され，表 10（4.2 参照）で示した通り，英語能力や学習に対する意識や，発話者の口形を注視する時間が事前より事後で大きく伸びたことが報告されています（河合，2021c）。

第2章

聞こえにくさのある児童生徒への英語音声指導方法

1 | 指導前の準備

本格的な音声指導を開始する前に，以下の点に留意してください。

聞こえづらい子どもの裸耳聴力や聴覚活用の特徴

指導を開始する前に，必ず対象児の裸耳聴力（補聴器などを使用しない時の聴力）や補聴器や人工内耳の状態を把握するようにしましょう。感音性難聴の場合は，特に高周波の聴力の変化には注意が必要です。摩擦音などの高周波がどの程度聞き取りづらいのか，また，日本語の構音能力はどれくらいなのか，定期的に検査し，記録を取りましょう。本人の体調や天候によっては，支援スピーカーを使ってもあまり聞こえない日があるようです。毎回確認して，問題なくできる音声パターンと判別が困難なパターンに分けて，根気よく，スパイラル（繰り返し）な指導を続けてください。また，賑やかな通常学級内では，どのような場合に聞こえづらいのか，よく観察するようにしましょう。

傾聴姿勢の育て方

公立小中学校に在籍する聴覚障害児は，聴覚障害特別支援学校の環境と違って様々な騒音が発生する学校生活を過ごしています。そのため，低学年のうちから教師の口元を見ながら聴くことを指導され，視覚情報から理解する姿勢が見られます。英語の音を判別できるようになるために，教師の口元を見るということが視覚的ヒントになるということを常に指導していきます。通常学級で外国語授業を受けている際も，常に指導する教師や対話者の口形をしっかり見るように指導してください。APD（聴覚情報処理障害）児の場合も基本的には聴覚障害児と同様の指導をおこないます。先生が話す・発音する場合は，必ず口元を見ることを習慣づけましょう。

聴覚保障と視覚保障

　補聴器装用者の場合は，補聴器の点検，高周波を聴取しやすい支援スピーカーの点検，スピーカーと ICT 機器との接続のチェック，通常学級内では，教師の声と顔を見やすい前方中央に座席が配置されているか，学級内の机や椅子の脚にはスポンジが取り付けられ，騒音の軽減の工夫が施されているかを確認してください。

　リスニング活動をおこなう場合は，CD プレイヤーは使わず，ALT や先生自身がリスニング問題を本人の目の前で言う，または，ICT 機器に高周波を聴取しやすい支援スピーカーを接続して聞き取りやすい聴覚保障や合理的配慮をおこないます。黒板に板書する際に，生徒に背を向けて説明しながら書くと聴覚障害児には聞こえにくく，理解できません。板書した後，対象児に顔を向けてから説明することを常に心がけましょう。

絵カードの準備

　小学生に音声指導する際は，意味表象を理解しやすい絵カードや文字カードなどの視覚教材を常に使用します。先生の顔の横に絵カードを示して，先生の口元も同時に視野に入るようにしましょう。音と文字の関係性がまだ理解できない生徒には，中学生にも絵カードを使用し，音に対応する文字がわかるようになったら，絵カードの裏側の綴りを見せるなど，視覚保障に努めてください。本書で使用している絵カードは，「絵カード単語リスト」(『きいて・みて・まねて覚える英語の音』河合・高山，2021, pp. 180-181) からダウンロードすることができます。

　【印刷方法】ダウンロードしたら，表側が絵，裏側が綴りになるように印刷します。個別指導においては，A6 判（A4 判サイズを 4 分割）で印刷し，アルファベット順にストックしておくと便利です。

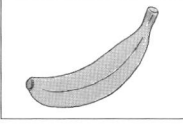

カード裏側の綴りの下の○●は単語内の音節の強勢を表します。黒丸●が一番強く発音される位置を表しています。例えば，上記の banana の場合は，ba-nan-a と 3 つの音節に分かれ，2 音節目の母音で一番強く発音されます。辞書によって音節の区切れが異なる場合があるため，初習の児童生徒を対象とした英語単語の音節指導にあたっては，辞書の表記のような細分化はせず，「いくつのかたまりで成り立っているのか」という理解のさせ方をしていきます。

　表側にはあえて綴りを入れないようにします。まず絵を見て英語音声に集中して聞き取り，判別できる，あるいは認識できる力をまず養い，ある程度英語音声に対する認識能力が養われてから，音素に対応する文字の認識能力を高めていくためです。

コンテクストを用いた指導—語彙の意味，文脈を用いた指導—

　本書で紹介する英語音声指導では，ただ発音を教えるのではなく，対象児が語彙の意味を理解し，文脈に沿ったコミュニケーション能力を育てるためにもコンテクストを用いた指導を心掛けています。絵本や絵カードを用いて語彙の意味表象を捉えること，コンテクストの中で状況によって捉えることを何度も体験させることによって，語彙力も育成しながら音声指導をおこなっていきます。

絵本を使った指導
きこえ学級担任が物語に登場する語彙を使って，聴覚障害児に発音指導している。写真では farmer の頭音 /f/ を指導しながら，物語の内容も理解させている。

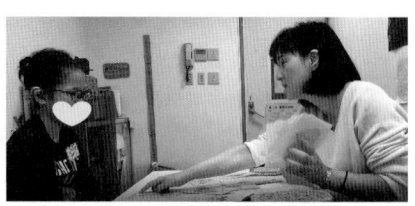

絵カードを使った指導
聴覚レベルが重度の聴覚障害児に，絵カードを使いながら摩擦音や破擦音を指導する筆者

スパイラルな指導

　当然のことながら，聴覚障害児は聞きとりや発音できるようになるまでに，かなりの時間を要します。何度もターゲットの「音」に触れて，その音を持つ語彙に遭遇する機会を持つようにします。それにより語彙力も向上し，次第に英語音素やプロソディがつかめるようになります。

基本的な個別指導時間の設定

　以下は，小学校4年次から3年間に渡って，「自立活動」の一環として聴覚障害児におこなった個別指導と通常学級の回数・指導概要です（表1）。学年にもよりますが，中学年では1回が30分程度，高学年では通常学級の単元学習の補習もあるため，45分間で設定します。指導回数は，他教科との兼ね合いもありますが，理想は通常学級の年間の外国語授業に合わせた回数が設定できることです。中学生の場合は，個別指導を担当する先生が確保できる時間数にもよりますが，短時間でもいいので，1週間に最低1回は個別指導ができるような体制が組めるとよいでしょう。すぐに結果が出るものではないので，長期戦で取り組むことが大切です。

表1. ある聴覚障害児への3年間の個別指導概要

学年	授業回数	指導体制	音声指導	留意点
4年	個別：30分×20回 （通常：20分×35回）	通常学級＋個別指導	・子音の判別・発音指導 ・アルファベット文字知識の強化	・コンテクストを通じて指導する。 ・語彙力を高める。 ・他教科連携を通じて知識を強化する。
5年	個別：30分～40分×20回 （通常：45分×50回）	通常学級＋個別指導 （特別支援学級担任・通常学級担任・ALTの指導連携体制）	・通常学級授業での音素認識 ・子音の発音指導 ・アルファベット知識の強化 ・音素に対応する文字 ・単元目標表現の発音指導	
6年	個別：45分×14回 （通常：45分×65回）		・オンセット＆ライムの指導 ・子音・母音の発音指導 ・検定教科書の頻出語彙を使った音素判別・音韻意識・音節認識の強化	

通常学級との指導連携体制づくり

　通常学級の指導担当者と個別指導の指導担当者間の指導連携体制をつくりましょう。小学校の場合は，通常学級の単元学習に沿ってできることと，対象児の弱点を強化する音声指導を組み合わせた個別指導プログラムを作成しましょう。

　中学校で通常学級の指導をおこなっている英語科の先生が個別指導も担当される場合，まず対象児の聴覚レベルを知ることが必要です。さらに，アルファベットジングルをおこなうなどして，どの音素が聞こえづらいのかを丁寧に確認していきます。中学校の英語指導内容は正確性から流暢性を獲得していくことにあり，音素のレベルから音節・語・フレーズ・文へと範囲が広がっていきますが，音素のレベルで正確性が身に付かなければ，流暢性を身に付けることは大変難しく，単語や文を暗記せざるを得なくなります。聞こえづらい音素を把握し，その聴取能力をつけ，さらに構音方法も身につけることで，音素より上のレベル（音節・語・フレーズ・文）の聴解や発音もできるようになってきます。そのために，対象児に最適な個別指導計画を立てることが必要です。

教師も英語音声を楽しむ

　このことは最も大事なポイントです。専門性がないと「できない」と思い込んでしまいがちですが，先生も聴覚障害児と一緒に英語音声を学ぶという姿勢は，対象児のモチベーションにも繋がります。指導することで，対象児の「英語音がわかる」実感がわくと，対象児のことを一番知っている先生だからこそ独自の創意工夫をこなせるようになります。

　具体的には第 1 章で紹介した指導事例をぜひお読みください。

2 ｜聞こえづらい児童生徒への音声指導

　本節では，音素認識，ミニマルペアの活用，音素の指導順序，音素を超えたレベルの指導について取り上げます。

　基本的な指導の流れとしては，下の図１のように，まず聴取能力（第１段階）を十分に育ててから，構音（正しい音を発音するために，息の出し方，具体的な舌や口の動かし方）の指導に移っていきます。しかし，指導の対象が高学年や中学生の場合は，聴取と構音の指導を同時におこなうことも可能です。対象児の能力や指導時間を考慮して，柔軟性を持った指導をおこなっていきましょう。

　留意点としては，最初に始める「音の判別」が聴取能力の向上に有効で，さらに構音能力も向上させていくということです。つまり，対象児にとっては聞き取りだけではなく，先生の発音する口元を「見て・聞いて・真似をする」のです。構音の本格的な指導は，聴取能力が育ってから始めますが，どんな活動においても，学習者本人が発声をして自分が出している音を意識させていくことが重要です。

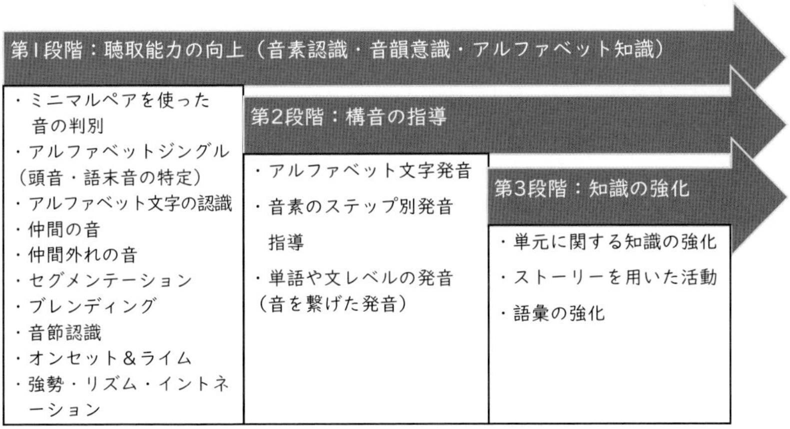

第1段階：聴取能力の向上（音素認識・音韻意識・アルファベット知識）

- ・ミニマルペアを使った音の判別
- ・アルファベットジングル（頭音・語末音の特定）
- ・アルファベット文字の認識
- ・仲間の音
- ・仲間外れの音
- ・セグメンテーション
- ・ブレンディング
- ・音節認識
- ・オンセット＆ライム
- ・強勢・リズム・イントネーション

第2段階：構音の指導

- ・アルファベット文字発音
- ・音素のステップ別発音指導
- ・単語や文レベルの発音（音を繋げた発音）

第3段階：知識の強化

- ・単元に関する知識の強化
- ・ストーリーを用いた活動
- ・語彙の強化

図1. 聞こえづらい児童生徒への指導の大まかな流れ

音素認識（Phoneme awareness）とは，例えば，mat は 3 つの音から成り立っていて，頭の音は /m/，終わりの音は /t/ とわかるように，話し言葉を聞いて単語や音節内に音素がいくつあるか，音素の連続体がどのように構成されているかを理解し操作できる能力のことです。音素は言語音の中で最小単位なので，子音と母音が組み合わされて単位となるモーラ拍（k + a で「カ」など）を使用する日本語母語話者にとっては，英語の音素を理解し，操作する能力を身に付けることは，その後の聞く・話す能力の素地だけでなく，読む・書くというリテラシーの根幹を育成することに繋がります。聴覚障害児にとっては，英語音素を聴取し構音できるようになれば，日本語でふりがなを付ける必要がなくなり，英語音を英語音のままで学習することが可能となります。音素認識能力には下記の 6 種類があ

表 2．音素認識の種類

音素認識能力の種類	定義	活動例
① 音素の特定 phoneme isolation	単語の個々の音素を認識できる能力。単語の頭音や語末音を認識できる能力。	bat の頭音は /b/，終わりの音は /t/ などと確認する。アルファベットジングル実施後におこなう。
② 仲間の音素 phoneme identity	異なる単語群の中で共通の音素を認識できる能力。	bike, boy, bell の共通する頭音の /b/ を認識する。
③ 仲間外れの音素 phoneme categorization	単語群の中で異なる音素を特定できる能力。	bus, bun, rug の中で rug だけ頭の音が異なることに気づかせる。
④ 音の引き算 phoneme deletion	ある単語から 1 つの音素を取り除くと別の単語になることがわかる能力。	smile から頭音の /s/ を取ると mile になることに気づかせる。
⑤ セグメンテーション segmentation （音素へ分解）	単語を音素レベルに分解する能力。	bat には 3 つの音素 /b//æ//t/ があるとわかる。
⑥ ブレンディング blending （音素の足し算）	単語を構成する音素を 1 つずつ聞いて足すと，何の単語になるかがわかる能力。	/b//æ//t/ と個々に聞いて bat とわかる。

（Ehri & Nunes, 2002, pp. 111-112）より改編

ります（表 2）。

　英語を母語とする子どもは，幼稚園ごろからこれらの能力を年齢に見合った指導方法で教えられ，身に付けていきます。つまり，英語母語話者であっても，明示的に指導されなければなかなか身に付かないものなのです。音素認識は，英語の音を認識する能力なので，本来「文字」の理解とは別の能力です。しかしながら，日本の学習環境においては限られた時数内で学習する事情があり，初学者がアルファベット文字に慣れ親しむ機会は学習時間外ではあまりありません。したがって，小学校高学年の音声指導では，文字を添えてよいと思います。音素認識が向上しつつある聴覚障害児が構音方法がわからない場合に，英語文字を見て正しく発音しようとする傾向があることが検証からわかっています。

　前ページの表 2 の①〜④の能力を強化する活動は，3・4 年生から開始できます。⑤⑥の能力は，5・6 年生で強化できるとよいでしょう。

活動❶　**音素の特定**

アルファベットジングルの後で

　小学校の外国語授業でおこなっているアルファベットジングルは，アルファベット文字と文字に対応する単音を連動させて発音し，その読み方を持つ単語も唱えることで，英語を初めて習う子どもが文字と音素の対応関係を理解し，発音の正確性も向上させていく指導方法です。また，語彙力も高まります。通常学級の外国語授業だけでなく，個別指導においてもアルファベットジングルは毎回のルーティンとしておこないましょう。ジングルで使用する単語は，学年や学習している単元に合わせて数週間ごとに変えてもよいと思います。構音方法も指導できるよう，なるべく 1〜2 音節の単語を選びます。ジングルを唱えたら，単語の頭音や語末音を尋ねていきます。

　例えば，What's the beginning sound of "bat"？と尋ねて頭音を /b/ と答えられるか，What's the ending sound of "bat"？と尋ねて語末音

を /t/ と答えられるかを確認しましょう。口形で音素がわかりやすいものから，/s/ 音のように聞き取りづらい音素へと難度を上げていきます。

　なお，ミニマルペアを使った活動も音素を特定する能力を育成する活動です。音を聞き取りづらい子どもが 2 つの似た音を判別できるように，特に強化したい活動なので，次の 2.2 で紹介します。

活動❷ 仲間の音がわかる

①単元学習を基本にした活動

　例えば，食べ物の語彙を中心に展開する単元では，やり取り中心のコミュニケーション活動が重視されます。その際，コミュニケーション活動に音声指導を取り入れてみてはどうでしょうか。頭音に共通する音素を含む食べ物の語彙はかなり多いので，それらを見せながら，共通する音を尋ねます。単元の目標表現を使用しながら，会話を展開できるとなお良いです。

　以下は，小学校中学年で頻出する "What do you want? ── I want a 〜." の表現を使用した例です。

先生：I'm so hungry.

児童：What do you want?

先生：I want（絵カードを児童に取らせる）a peach, a pear, a pie, a pizza, a potato, some peanuts, some pork, and some peas.

先生：Now what do I want?（先生は何がほしいのかな？）
　　　I want food with?（ここで足場掛けを行う）

児童：/p/ sound?

先生：Yes! Excellent!

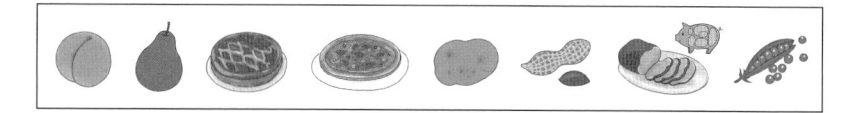

②音を特定して単語を言わせる

①の活動ができたら，今度は音を指定して単語を言わせてみましょう。

先生：I'm so hungry. I want something starting with /b/ sound.
　　　Can you tell me？

児童：Banana？

先生：Yes, that's right. Anything else？（ここでヒントを与えてもよい）

児童：Bread？

先生：Yes, that's right. Anything else？ It's a kind of fruit.

児童：Blueberry？

先生：Yes, excellent.

活動❸　仲間外れの音がわかる

　同じ音の特定ができたら，仲間外れの音もわかるようになります。例えば，「先生が言う単語の中で音の仲間外れはどれかな？」と尋ねて，絵カードを見せながら，"a peach, a potato, a banana, a pear" と発音します。食べ物の種類ではなく頭音の仲間外れなので，banana の頭音だけが /b/，他の3つは /p/ となります。

活動❹　音の引き算

　「音の引き算」をやってみましょう。絵カードのイラストを示して，たとえば「box から /b/ を引いて」などと指示し，「ox」と答えさせます。

　box − /b/ = ox

　fox − /f/ = ox

　train − /t/ = rain

　mice − /m/ = ice

　seed − /d/ = see

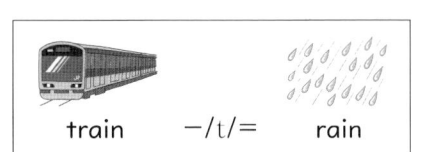

train　　− /t/ =　　rain

①〜④の活動例は，個別指導時間中に音遊びの活動として積極的に取り入れることによって，音素認識能力が高まります。また，中学年でアルファベット文字を導入するので，次第にアルファベット文字の名前と対応する音素がわかるようになります。そこで，高学年では，次の⑤セグメンテーションと⑥ブレンディングの能力を伸ばしていきます。

活動⑤　語を音素へ分解するセグメンテーション

　セグメンテーションでは，1音節の中にいくつ音素が入っているのかを尋ねたり，頭音や語末音がわかっているかどうかを確認しましょう。

先生：What's the beginning sound of "bat"?

児童：/b/

先生：OK. How about the ending sound of "bat"?

児童：/t/

先生：Yes, right. So, how many sounds in /b/-/æ/-/t/? bat,（ここで先生はブレンディングでゆっくり発音し，指で1つ1つの音をカウントしながら）

児童：Three？

先生：That's right. Excellent！

活動⑥　音素を足して語がわかるブレンディング

　ブレンディングでは，1音ずつを聞いて足していくと何の単語になるのかを尋ねます。例えば，日本語のアに代替される英語母音はいくつもあるため，初習の子どもたちには難度がかなり上がります。

先生：I will say three sounds. So, tell me the word. OK？3つ音を発音するから足し算すると何の単語になるか教えてね。ひっかけ問題もあるよ。よく聞いてね（目の前に問題の絵カードと間違えそうな単語の絵カードも置いておく。活動に慣れてきたら，絵カードなしでお

　　こなってもよい)。

　　/b/-/æ/-/t/

児童：Bat?

先生：Yes, that's right. How about next one?（目の前にペンとフライ
　　　パンの絵カードを示す）/p/-/æ/-/n/

児童：（ペンとフライパンで迷う）

先生：（どちらの単語も口形を見せながら発音）2 つ発音するからどちらか聞
　　　いてね。No.1 is /p/-/æ/-/n/. No.2 is /p/-/e/-/n/. どっちがど
　　　っちかな？（自信がなさそうなら再度発音する）/p/-/æ/-/n/ は？

児童：（フライパンの絵を選ぶ）

先生：/p/-/e/-/n/ は？

児童：（ペンの絵を選ぶ）

先生：That's right. Excellent.

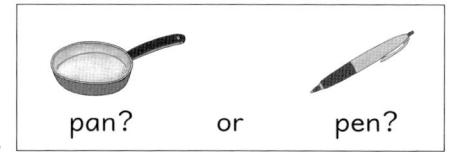

pan?　　or　　pen?

　　このように，最初は，3 文字の単語の真ん中の母音が異なるミニマルペ
アを使ってブレンディングをするのも一案です。2 つを比較することによ
って，母音の微妙な違いもわかるようになります。ブレンディングは，聴
児にも難しいので，通常学級でもぜひ取り入れていただきたい活動です。

　ミニマルペアを使った活動は，音素を特定する能力を向上させる上で大変有効です。特に，聴覚障害児や APD 児への個別指導においては，聞き取りづらい音素や構音が苦手な音素が特定でき，次第にステップアップすることによって，難度の高い音素の聴取・構音にも取り組むことができるので，本書では独立した節として取り上げます。

　ミニマルペアとは，最小対語とも言い，単語内の 1 つの音素を変えると全く意味の異なる単語のペアのことを言います。例えば，bear（熊）の頭音の /b/ を /p/ に変えると，pear（洋ナシ）になりますね。聴覚障害児にとっては，英語音素の聞こえや単語内の目標音素の位置によって，騒々しいところでミニマルペアとなっている 2 つの単語を聞いても，聞こえない，または，気付かない可能性があります。単語の頭音と語末音では，残響を伴う語末音の方が聞き取りやすく，頭音は残響しないので聞き取りづらくなります。発音させてみると脱落しやすいことがわかっています（河合，2019）。さらに摩擦音の /s//z//ʃ/ などは，単語内のどの位置にあっても聞き取りづらいので，時間をかけて判別能力を高めながら，構音方法を指導していく必要があります。そこで聴覚障害児には，英語の音素認識を高め，語彙力を付けるために，ミニマルペアを使って，以下のような段階的な指導をおこなっていきます。特に残響しない頭音の違いがわかると，判別しづらい摩擦音などの違いもわかるようになります。ミニマルペアの活動は，低学年でも実施できます。

　次ページの図 2 のステップにしたがって指導していきましょう。Step 2 以降は，ミニマルペアではないパターンも含まれています。絵カードを使って「意味のある言葉」の中で音素認識能力を高めていきます。Step 1 では，音素の明示的な指導順序（次の 2.3 英語音素の指導順序参照）にしたがい，次第に聞こえづらい音素が頻出するように構成しています。この活動でも傾聴姿勢は徹底しましょう。発音する話者の口元を見ることは，発音する音素の手掛かりになるので，徹底して傾聴姿勢を意識させます。

　この活動を地道に続けることによって聞き取り判別能力を高めることが

でき，通常学級での騒々しい環境でのコミュニケーション活動においても，対話者の会話内容を理解するための学習方略のひとつとなります。

```
┌─────────────────────────────────────────┐
│  Step 1 頭音に子音が1つだけのミニマルペア  │
└─────────────────────────────────────────┘
                    ↓
┌─────────────────────────────────────────┐
│  Step 2　音がある・ない？                 │
│  （音が削除されているか判別するパターン）  │
└─────────────────────────────────────────┘
                    ↓
┌─────────────────────────────────────────┐
│  Step 3　子音連結のパターン               │
└─────────────────────────────────────────┘
                    ↓
┌─────────────────────────────────────────┐
│  Step 4 終わりの音は同じ？違う？          │
│  （語末音の判別のパターン）               │
└─────────────────────────────────────────┘
                    ↓
┌─────────────────────────────────────────┐
│  Step 5 聴覚障害児にとって似て聞こえるパターン │
└─────────────────────────────────────────┘
                    ↓
┌─────────────────────────────────────────┐
│  Step 6 単語の真ん中の母音を判別するパターン │
└─────────────────────────────────────────┘
                    ↓
┌─────────────────────────────────────────┐
│  Step 7 先生は正しく発音しているかな？     │
│  （わざと間違えるパターン）               │
└─────────────────────────────────────────┘
                    ↓
┌─────────────────────────────────────────┐
│  Step 8 中学生向けのパターン              │
└─────────────────────────────────────────┘
```

図2. ミニマルペアを使った指導のステップ

【教材準備】

　絵カードをA6判（A4判の4分割）で用意しましょう。あるいは，本書付録のミニマルペアのデータ（p. 201にQRコードを掲載）を印刷するか，または，テレビモニターやタブレット端末に提示して指導することもできます。

＊Step 1〜Step 6のカード番号は通し番号になっています。

基本の指導方法は次のような A—B—X 方式で進めましょう。

（例．A：bear，B：pear，X：A か B のどちらかを発音する）

1. カード A を見せながら "/b//b/bear" と発音し，繰り返させる。

2. カード B を見せながら，"/p//p/pear" と発音し，繰り返させる。

3. 自分の口元が見える状態で 2 枚のカードを見せながら「じゃあ，先生はどっちを発音したかな？　指で指してね。よく先生の口元を見てね。」と言って，どちらかを発音し，聞こえた単語のカードを指させる。問題ないようなら，今度は 2 枚のカードで口元を隠した状態で，「じゃあ，今度は先生の口元は見えないよ。どっちを発音しているかな？」と言ってから，どちらかを発音する，あるいは両方を発音して正解を指すことができているかを確認する。

この後で，再度口元を見せながら両方の単語を発音し，真似させる。何組かのペアの語を使って同様に進める。

毎回の個別指導でルーティンとして進め，次第に難度を上げていく。判別が難しかったペアについては，判別できるようになるまで毎回のミニマルペアの活動に含め，口元を見せて発音のコツを教えながら何度も発音を体感させる。

ミニマルペアの中には pear-chair, kite-night など，頭音以外のライム（rime）の部分に綴りが異なるものがありますが，あくまで音素認識能力を育成する活動なので，綴りを指導するフォニックスの活動ではないことに留意しましょう。

【ミニマルペアの指導順序】

Step 1　頭音に子音が 1 つだけのミニマルペア

　次の 2.3 で取り上げる音素の発音の指導順序（破裂音→鼻音→摩擦音・破擦音→半母音→母音）を考慮し，Step 1 の 1〜5 は破裂音の同じ調音点（2.3 で説明）同士（例．bear-pear/b-p/ のペア），6〜12 は異なる調音点の破裂音の組み合わせ（例．book-cook/b-k/），19〜は異なる調音法の組み合わせ（例．cap-map/k-m/ 破裂音と鼻音）と次第にバリエーションを増やして，構音方法が異なることを意識させながら難度を上げていきます。摩擦音の /s/ や /ʃ/ が含まれるパターンは，聴児ではあまり問題ありませんが，聴覚障害児にとって判別が困難ですので，後半に配置してあります。後半には，日本語母語話者にとって判別が難しいパターン（例．lake-

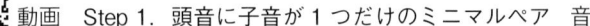

動画　Step 1. 頭音に子音が 1 つだけのミニマルペア　音声

1	bear-pear	19	cap-map	37	box-fox	55	pear-chair
2	pig-big	20	mice-dice	38	big-fig	56	beads-seeds
3	beach-peach	21	mitten-kitten	39	fish-dish	57	band-sand
4	peas-keys	22	gate-date	40	pork-fork	58	dad-sad
5	toys-boys	23	men-ten	41	log-dog	59	face-vase
6	book-cook	24	game-name	42	bed-red	60	sing-king
7	coat-goat-boat	25	park-dark	43	cake-lake	61	fun-sun
8	pie-tie	26	nap-map	44	lake-rake	62	sing-ring
9	can-pan	27	gun-fun	45	bed-head	63	sun-run
10	gun-bun	28	hat-fat	46	pen-hen	64	zoo-two
11	tea-bee	29	rat-cat	47	mice-rice	65	rug-mug
12	key-bee-tea	30	ball-wall	48	hand-band	66	wet-jet
13	top-mop	31	wall-tall	49	light-night	67	pocket-rocket
14	bat-mat	32	mouse-house	50	shark-park	68	sock-rock
15	car-bar	33	fan-man	51	bar-jar	69	pin-thin
16	doll-ball	34	van-fan	52	nest-vest	70	thin-fin
17	can-man	35	pin-fin	53	ham-jam	71	light-right
18	kite-night	36	net-vet	54	bar-car-jar		

rake）も含まれています。2 つのミニマルペアのパターンだけでなく，3
つの音の組み合わせでどれを言っているのかを当てるパターン（7，12，
54）も入っています。

口や舌の動かし方を具体的
に見せながら，次第にミニマ
ルペアのパターンを増やして
いきましょう。毎回何組かペ
アを増やして少しずつ難度を
上げていくということを個別
指導の目標に設定すると，聴
覚障害児のモチベーションも
上がるでしょう。

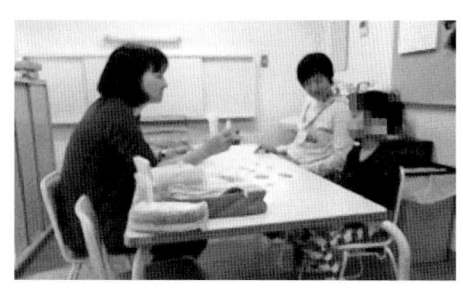

低学年聴覚障害児に，ミニマルペアを使った
指導をおこなう筆者（右）ときこえ学級担任
（右奥）

Step 1 のパターンは，数字が大きくなるほど難度が上がります。巻末
の付録にミニマルペアの絵カードのパターンを掲載しました。Step 1〜6
のカード番号は，通し番号になっています。

Step 2　音がある？ない？

聴覚障害児が聞こえづらい音素を把握するため，全く発音していない状
態と比べてどの程度聞こえづらいのか判断する必要があります。ペアで発
音してみて「頭の音はあった？」「頭の音は何？」「2 つの単語のどこが違
ってた？」など尋ねながら，その児童の聞こえの特性を摑むようにしまし
ょう。例えば，76 の net-nest の場合，nest の s が聞こえないのか，語
末の t が聞こえないのか，nes で止めて発音したり，net で発音しながら
児童に確認してみましょう。

 動画　　　Step 2. 音がある？ない？のパターン　　　音声

72	ox-fox	73	ink-pink	74	vest-vet	75	snail-nail
76	net-nest	77	top-stop	78	ox-socks		

Step 3　子音連結のパターン

　Step 1 で頭音ひとつのパターンの判別がある程度できるようになったら，tree のように頭音が子音連結のパターンの判別に挑戦しましょう。聴覚障害児に子音連結を含む単語を発音させると，子音のひとつ目が削除される場合と 2 つ目が削除される場合があります。例えば，87 の nest の場合は語尾の子音連結の s がよく聞こえないので，net と発音してしまうことがよくあります。子音連結を含む・含まない単語のペアでどちらに聞こえるのか，2 つともよく聞こえずにライム部分が聞こえているのか観察してみましょう。

 動画　　　　　　Step 3．子音連結のパターン　　　音声

79	tea-tree	80	rain-train	81	glass-grass	82	bread-red
83	dragon-wagon	84	door-floor	85	frog-flag	86	snail-tail
87	net-nest	88	moon-spoon				

Step 4　終わりの音は同じ？違う？（語末音の判別のパターン）

　これまでの Step では，頭音の違いに着目してきました。この Step では，終わりの音の判別を指導していきましょう。この Step では，真ん中の母音が異なっているペアや，語末音の有無のペアなど，ミニマルペアではない組み合わせも含まれています。例えば，90 の lamb-lamp の lamb の語末の b は発音しない黙字ですので，その前の m と lamp の p が同じか違うかの違いに着目することになります。残響を伴う語末の位置では，頭音と聞こえがどのように違うのか観察してください。

Step 4．終わりの音のパターン　　　音声

89	net-next	90	lamb-lamp	91	mouth-mouse	92	tent-ten
93	tooth-two					※こちらに動画はありません。	

Step 5　聞こえづらい児童生徒にとって似て聞こえるペア

　聴児には別の単語に聞こえるのに，聴覚障害児には似て聞こえるペアの
パターンです。頭音が摩擦音や破擦音なので，聞こえづらく，紛らわしい
のです。どのように紛らわしく聞こえるのか児童にも尋ねてみましょう。

Step 5.　似て聞こえるペアのパターン　　音声

94	hammer-summer	95	jacket-rocket	96	snake-lake	97	jump-lamp
98	stamp-lamp					※こちらに動画はありません。	

Step 6　真ん中の母音の判別

　日本語母語の英語学習者にとって，聞き取りも発音も習得が最も難しい
英語音素は母音です。下に挙げるパターンは，聴児や成人学習者でも判別
が難しいので，子音の聞き取り判別がだいぶできるようになったタイミング
で行いましょう。目安の時期は，5 年生の終盤から 6 年生にかけてです。高
学年の外国語科授業で，音素とアルファベット文字の対応の認識力が高ま
り，オンセット＆ライム（2.4 で扱います）の明示的な学習が進んでくると，
聴覚障害児の場合，文字の認識力は高いので，文字の視覚情報から次第に
発音力も高まってくるようです。特に紛らわしいのは，日本語の「ア」で代
用されるパターンです。発話者の口の開け方や大きさは，聴覚障害児にとっ
ては大切な視覚情報になりますから，何度も発音して口の形を真似るように
指導してください。構音の指導方法は，2.3 の **Step 4** をご参照ください。

動画　Step 6.　真ん中の母音が紛らわしいパターン　音声

99	nut-net	100	men-man	101	pan-pen	102	bug-bag
103	soup-soap	104	ship-sheep	105	fan-fun	106	cap-cup
107	pin-pen	108	bed-bad	109	fox-fax	110	map-mop

Step 7　先生は正しく発音しているかな？（わざと間違えるパターン）

　これまでの段階的な指導によって，ミニマルペアの頭音の判別ができるようになっていれば，聴取能力と語彙力がかなり高まっているはずです。語彙の意味表象と英語音素がリンクするようになりますので，わざと間違った発音をして，正しい発音を尋ねてみましょう。

　その際，聴取能力が上がっていても構音が難しいことが予想されます。正解の音に近づけるように構音トレーニングもしてみましょう。

　下の例は，聴覚障害児にとって判別しづらい /s/–/ʃ/ のペアです。聞こえに問題のない学習者にとっても，間違えやすい語です。

先生：(seal のカードを見せながら) Is this a「シール」（日本語の「し」の
　　　発音で）？（と尋ねてみる）
児童：No!
先生：What is this?
児童：It's a "seal."

　このように，正しい /s/ が構音できるかどうか確認してみましょう。または，Is this a seal or「シール」？と尋ねて，正しい発音が指摘できるかどうかを確認してみましょう。

　下記のように，指導している聴覚障害児が苦手としている音素に着目して，先生がわざと間違えて発音するパターンで練習してみましょう。

（正解）	⇒	（間違い）	（正解）	⇒	（間違い）
seal	⇒	sheal	seed	⇒	sheed
sheep	⇒	seep	ship	⇒	sip
sing	⇒	シング	tooth	⇒	トゥース
rake	⇒	lake（逆もあり）	light	⇒	right（逆もあり）

中学生向けのミニマルペア

　中学生には，絵カードではなく，文字カードを用いてミニマルペアの判別をやってみましょう。ただし，小学校であまり音声指導を受けてこなか

った生徒もいるので，まずは対象児の判別能力や構音能力を把握すること
が大変重要です。中学 1～2 年生を担当する場合は，絵カードを使って上
記の Step 1 と Step 2 の判別力をまず観察し，聞き分けの苦手な音素を
把握しておきましょう。

　表3は，中学生向けのミニマルペアです。語彙のレベルがぐっと上が
り，小学生向けではほとんど扱っていなかった th/θ//ð/ や，二重母音な

表3. 中学生向けのミニマルペア

/p–b/	pet-bet	/tʃ–dʒ/	cheap-jeep
/t–d/	town-down, try-dry	/l–r/	light-right, long-wrong, low-row, lead-read, lay-ray, lock-rock, play-prey, glass-grass
/k–g/	come-gum, class-glass, came-game, back-bag, pick-pig	/y–ɪ/	year-ear
/m–n/	some-sun, meat-neat, gum-gun, mine-nine	/iː–ɪ/	team-Tim, peak-pick
/f–h/	feel-heel, fall-hall	/iː–e/	meet-met, Pete-pet, meet-met
/θ–s/	thing-sing, think-sink, thick-sick, path-pass	/ɑːr–əːr/	heart-hurt
/s–z/	close（近い）-close（閉じる）	/ʌ–ɑːr/	much-march
/s–ʃ/	sign-shine, same-shame,	/ʌ–æ/	cut-cat, uncle-ankle, but-bat
/v–b/	very-berry, van-ban, vote-boat, vest-best	/ɑːr–æ/	heart-hat
/ð–d/	they-day	/əːr–æ/	hurt-hat
/s–ʃ/	see-she, seat-sheet	/ɔː–oʊ/	called-cold, bought-boat, law-low, caught-coat, hall-hole
/n–ŋ/	sun-sung, thin-thing, run-rung, win-wing,	/uː–ʊ/	pool-pull
/m–ŋ/	some-sung, Kim-king	/aʊ–oʊ/	now-no

どを取り扱います。中学生レベルの指導を始める前に，今一度小学生への指導と同じ要領で，口形を見て判別しやすいペアから，次第に聞こえづらい音素へ進展させましょう。語彙の意味もわかっているか確認しましょう。また，中学生の頻出単語では，必ずしも綴りが基本の音素と対応をしているとは限りません。例えば，ball も doll も同じ［ɔː］の発音です。そのため，フォニックスルールを同時に指導していく必要があります。表には，頭音だけでなく，語末音の音を入れ替えたミニマルペアも含まれています。

〈コラム〉　苦手な音素を集中練習！
　　　　―Tongue twister に挑戦！⑴無声破裂音―

Peter Piper

Peter Piper picked a peck of pickled peppers.
A peck of pickled peppers Peter Piper picked.
If Peter Piper picked a peck of pickled peppers,
How many pickled peppers did Peter Piper pick?

　音素の構音指導は，下の図3のようなステップを踏んでおこないます。ミニマルペアの活動と同様に，基本的には口形がわかりやすいものから，視覚的ヒントを与えながら判別ができるようになるように聴取能力を高めていきます。構音指導は，音素認識能力がかなり向上してきたと先生自身が認識されるようになった時期に開始します。高学年に関しては，聞き取りと構音を常にセットで指導していくことが必要です。

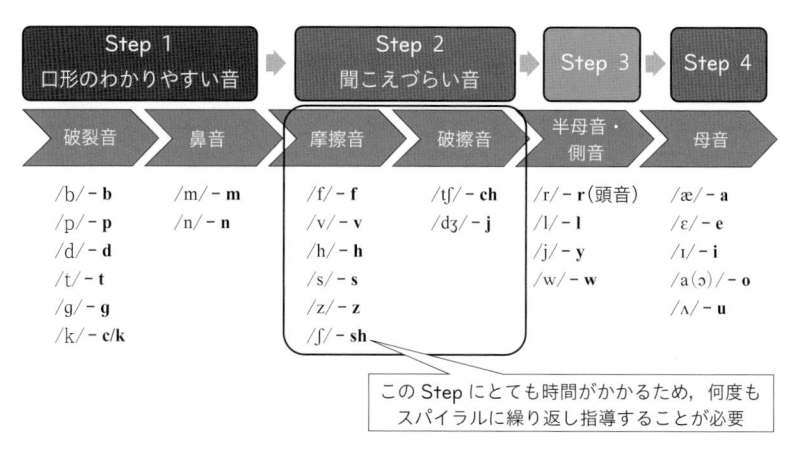

図3. 英語音素の明示的な指導順序：子音から母音へ
（河合・高山2021，p. 27 から改編）

　基本的に，音素認識能力のうちの「仲間の音がわかる（phoneme identity）」活動をおこないながら進めていきます。一度指導して発音できればそれで終わりということではなく，何度もその音に遭遇させる「スパイラルな」指導を心掛けましょう。

　聞こえづらい子どもは自分の声もよく聞こえていないので，構音方法を身に付けるのに時間がかかります。数年間の見通しをもった長期指導計画が必要です。音素の指導順序は，聴児でも同じです。通常学級での音声指導と連携しながら指導計画を立てていきましょう。

【基本的な構音指導の方法】

　まず，指導する音素で始まる単語の絵カードを用意しましょう。ここで
は，破裂音の指導例を紹介します。/b/ で始まる単語と /p/ で始まる単語
の絵カードを用意します（図 4）。基本的には，2.1 の音素認識活動の活動
例②「仲間の音がわかる」のやり方で，先生が絵カードを発音しながら，
聴覚障害児にも真似をするように指示をして，発音させます。

1. まず，/b/ のカードを発音します。語彙力の強化も兼ねているので，
   単語の意味もわかっているかも尋ねてみましょう。丁寧に 2 回発音を
   して，口形をよく見せながら真似をさせます。特に頭音は少しゆっくり
   気味で，しかし，呼気を強めて大げさに発音していきます。同様にして，
   /p/ のカードを発音していきます。
2. 次に，それらのカードを全部シャッフルして，「では，仲間分けをし
   てみましょう。/b/ の仲間はテーブルの左に置いて。/p/ の仲間はテー
   ブルの右に置いて」のように指示を出してから，先生が 1 枚発音する
   ごとに，児童生徒にカードを渡して発音させてから，仕分けをさせてい
   きます。仕分けができたら，「こっちの仲間は何の音？」「じゃあ，こっ

図 4．カードを対象児に仕分けさせる活動例（/b//p/ の判別）

ちの仲間は？」「どっちの方が音がよく聞こえる？」などと尋ねて，有声 /b/ と無声 /p/ の違いがわかっているか確認しましょう。また，「どこから音が出ている？」と尋ねて，「上と下の両方の唇を使っている」ことを実感させてください。

3. （上記がよくできて，時間に余裕があれば），/d//t/ も同様に音の仕分けをしたら，「音が聞こえる（有声）」・「息だけ（無声）」の区別ができるか，2 つの音素がどこから出ているのか確認してみましょう。今度は，「歯の後ろだからちょっとわかりづらいね。舌先が上の歯茎についているのがわかるかな？」と尋ねながら，先生が音を出す口形をしっかり観察させ，聴覚障害児も舌を上の歯茎に当てているか確認してみましょう。

4. 破裂音の指導は，例えば 1 回目では /b//p/ のみ，2 回めで 1 回目の復習をしてから，/d//t/ を追加する，3 回目では /b//p/ と /d//t/ の復習してから /g//k/ を追加するという風に，音素を積み重ねて指導していきます。

　破裂音の 6 音が揃ったところで，6 音の絵カードをランダムに選びながら，まず先生が発音し，6 つの音に仕分けることができるかどうかを観察しましょう。このような音素認識活動では，4 年生以下なら対応するアルファベット文字を見せずに，「音」だけで進めていきますが，高学年以上の場合は，対応するアルファベット文字カードを机の上に置いて，仕分け作業をさせていきます。先生はしつこい程十分に単語を発音して，児童にも発音させてから仕分けさせてください。

　このようなスパイラルな指導をまず，p. 82 図 3 の **Step 1** の音素からやってみましょう。

【音素別指導方法】

Step 1 口形のわかりやすい音　破裂音・鼻音

　Step 1 では，口形や筋肉の動きのわかりやすい破裂音や鼻音から指導していきます。

　破裂音は，音素の名前のごとく，息を強く鋭く出すことがポイントです。調音点（音を出す場所）や調音方法（どのように息を出すか）の違いがわかるかどうかも観察しましょう。以下，各 QR コードの音声と動画で違いをお聞きいただけます。

① /b//p/（両唇を使う破裂音）

　上と下の唇を一旦閉じて息を一気に放出します。のどに手を当てて声帯が振動すれば有声の［b］となり，振動しなければ無声音の［p］となります。注意点は，とにかく溜め込んだ空気を破裂させるように強く呼気を出すことです。日本人はこの強い呼気が出ずに，子音の後に母音を伴う形で「ブー［bu］」や「プー［pu］」と発音しがちです。息の強さを意識させるために，ティッシュを使った練習方法があります。ティッシュを1枚両手で持って口元に近づけて，息を強く鋭く両唇で破裂させて，無声音の /p/ の子音だけを出すと，ティッシュが上に上がるはずです。逆に，「プー」と母音を伴った発音をしてしまうと，ティッシュは上がりません。呼気を強め，鋭くすることをぜひ聴覚障害児に体験させてください。

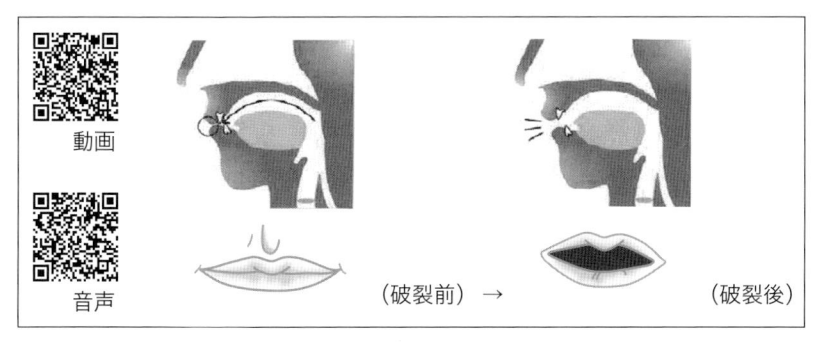

［b］［p］の発音と口形

② /d//t/（舌先と歯茎を使う破裂音）

　舌先を上の歯茎（上の歯の裏）に接触するようにして，息をため込んでから舌先を歯茎から離し，一気に息を出していきます。声帯が振動すれば

有声の［d］，振動しなければ無声の［t］です。アメリカ人が発音すると，butter, water など t が有声化して［d］の発音になります。これをフラッピングと呼んでいます。

　中学生の場合は，過去形規則動詞の語尾 ed の 3 パターン（/d//t//ɪd/）を使って，語尾の違いが聞き分けられるかどうか試してみましょう（第 3 章 pp. 187〜188 に活動を掲載）。

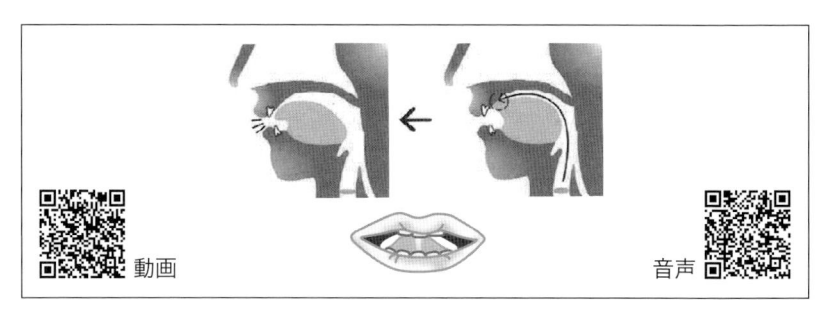

［d］［t］の発音と口形

③ /g//k/（舌の奥から出る破裂音）

　舌の奥の部分，または上あごの奥の部分で構音される音で，声帯が振動すれば有声の［g］，振動しなければ無声の［k］です。口形では判別できませんが，のどの部分に軽く手を添えて［g］［k］［g］［k］と交互に発音すると，のどの奥がグイっと動くことがわかるので，ぜひ体感させてください。

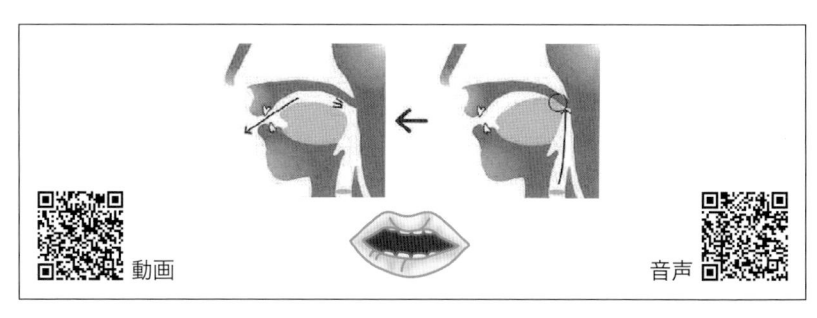

［g］［k］の発音と口形

　これらの破裂音6音のうち，無声の［p］［t］［k］は，音節の頭音として発音される場合，強い息を伴うので「帯気音（aspiration）」と呼ばれます。語末位置にある場合は，強い息を出さずに軽く音を添えるように発音します。

　有声の［b］［d］［g］も同様に，語末の位置にあると強く発音しません。語末音も子音の後ろに母音が伴わないように，息を出さないで飲み込むように発音しましょう。

④ /m//n/（鼻音）

　［m］は［b］［p］と同じように上下の唇をしっかり閉じ，口の奥の方から鼻にかかる音を出していきます。［n］は舌先を歯茎にしっかりつけ，その奥を下げて鼻にかかる音を出していきます。どちらの音も，鼻をつまむと構音することができないので，ぜひ体験させてみてください。

　＊鼻音の /ŋ/ は，頭音とならないので小学生には指導しません。中学生向きに p. 100 で紹介しています。

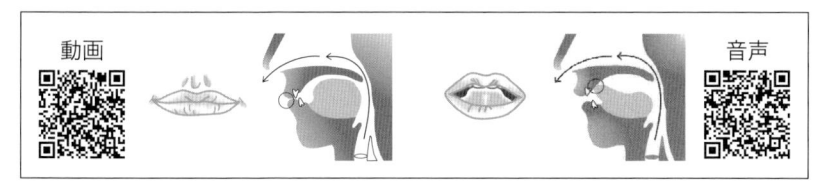

［m］（左）・［n］（右）の発音と口形

　Step 1 の破裂音や鼻音は，聴覚障害児がまず教師の発音にならって自分でも音を出すことにより，音に実際に触れ，体感することが大切です。学習初期にこれらの音がわかって自分でも構音できるということが次のステップに進むモチベーションとなり，聴取能力も伸びていきます。絵カードを使って意味のある単語の発音をしたり，個々の音素の発音を組み合わせながら，しっかり指導に時間をかけてください。

　なるべく口形のわかりやすい音素から始めることで聴取能力を強化したところで，Step 2 では聴覚障害児が苦手とする摩擦音や破擦音の指導に移っていきます。

　まず上歯と下歯を使う /f//v/ の違いを指導します。この 2 つの音素は，口形がわかりやすいので，摩擦音の中では判別がつきやすいようです。

① /f//v/（上歯と下歯を使う摩擦音）

　上の歯で下唇を軽く噛むイメージで，その隙間から息を鋭く出してみましょう。口形が視覚的にわかりやすいと思いますが，呼気の弱い聴覚障害児にとっては，日本語発音に歯で唇を噛むような構音方法がないため，正しい音が出るまでに時間がかかると思われます。[f] の音は日本語にないので，日本語の [h] に置き換えて発音しがちです。coffee が「コーヒー」とならないようにといった指示で気を付けさせましょう。

　[f] の口形で音を出してみると，唇が震えて音が擦れていることがわかると思います。この感覚を聴覚障害児に体験させてあげてください。[f][v][f][v][f][v] と交互に音を出して実感させましょう。[v] も日本語になく，[b] と混同しがちですが，先生の口元をしっかり見ていれば判別できるようになります。絵カードの vet, van, vest などを見せて，正しく [v] と発音しているのか，[b] と発音しているのかクイズを出してみましょう。

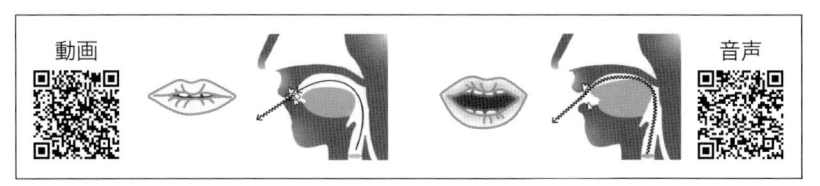

[f][v]（左）・[h]（右）の発音と口形

② /h/（のどの奥から出る摩擦音）

　［f］［v］の 2 つの判別ができるようになったら，［h］を追加します。

　この音は，のどの奥を摩擦して出てくる音です。ため息をつくように「ハーッ」と息を出すだけで，声にならない［h］の音が出ます。次に，呼気のスピードを速めて「ハッ」とお腹の底から強く出すようにしてみましょう。この音は聴覚障害児には余計聞こえにくいため，先生が出す［h］の息を聴覚障害児の手に当てて感じてもらいましょう。

　/f/ と /h/ は，日本人にとっては判別しづらいので，「どっちを言っているでしょう？」クイズで確認しましょう。fat-hat のミニマルペアや，coffee-コーヒーのような英語と外来語のどちらを言っているのか尋ねてもよいでしょう。"Is this a hox（fox の間違い）?" のように，絵カードを見せながら，わざと違う発音で尋ねて反応をうかがうことで，正しい音で認識しているのか観察してみてください。

　次に指導する 3 つの摩擦音 /s//z//ʃ/ や破擦音の /tʃ//dʒ/ は，聴覚障害児にとっては最も聞き取りづらい音素なので，時間をとって指導していきましょう。

③ /s//z/（舌先と歯茎を使う摩擦音）

　摩擦音は周波数が高いため，聴覚障害児にとって最も聞き取りづらく，構音しづらい音素と言われています。

　周波数 1000 Hz では 40 dB の聞こえでも，4000 Hz 以上になると 80〜90 dB のように聴力がガクンと下がる場合は，摩擦音のような高周波の音素が極端に聞こえづらいと考えられます。/s/ 音は通常学級のように多くの人数が在籍している教室でざわざわとした環境では，聴児でも聞こえづらい音です。口元だけではわかりづらいので，鏡の前で息が出るのを確認しながら構音を練習していきましょう。上前歯の後ろか上歯茎に舌の先を近づけ，その隙間から鋭い呼気で［s］［s］［s］と空気を押し出すイメージで複数回構音して示しましょう。この音が振動すれば，有声の［z］となります。どちらも音が擦れるような感じがします。

[s] と [z] の違いを感覚的に理解させるために，児童に教師ののどに手を当てさせ，教師は舌先を歯茎に接近させて狭い隙間をつくり，その隙間から呼気を強めて音を出してみてください。[s] は息だけ，[z] は音が擦れる感覚を体験させてあげてください。[s] [z] [s] [z] [s] [z] と交互に発声すると違いがわかるはずです。その感覚をつかんだ上で，今度は児童に発音をさせてみましょう。

④ /ʃ/ （舌と歯茎を使う摩擦音）

　[s] [z] よりも舌先を広く使って，舌全体を後ろ寄りにして，唇を丸く突き出して「シー！（静かに）」というイメージで息を強く吐き出します。

　アルファベット文字の sh で示される [ʃ] は，カタカナの「シ」の発音に似ています。日本人の場合，一般的に /s/ と /ʃ/ の判別はできても，発音を混同している方はかなり多くいます。例えば，she が see になっていたり，その逆で see を she と発音したりしています。

　聴覚障害児にとっては，聞こえの点でこの 2 つの音素の判別は大変難しいので，まず絵カードを使って判別練習からやってみましょう。seal/seed/sing などのカードを使い，先生はわざと [ʃ] の発音で seal を sheal と発音してみましょう。先生が正しく発音しているかどうか，○か×かで尋ねてみてください。sheep/ship は逆に seep と発音してみましょう。聴覚障害児の構音力は，日本語「シ」に近いので，[ʃ] は発音しやすく，[s] が発音しづらい児童生徒が多いように思われます。

　③〜④の 3 つの摩擦音を指導する際は，[s] [z] [ʃ] を頭音に持つ単語の絵カードを用意し，まずそれぞれの音を持つ単語のみを発音してみます。[s] 音の単語を全て発音し，真似させ，[z] 音の単語を全て発音し，真似さ

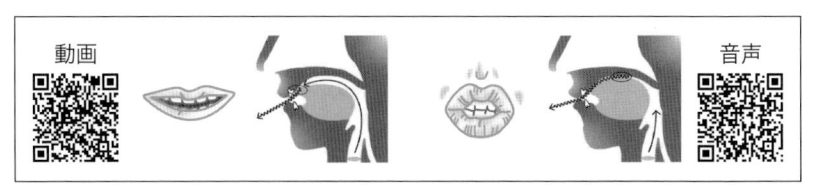

[s] [z]（左）・[ʃ]（右）の発音と口形

せた後に，[ʃ]音の単語を全て発音して真似させます。そして単語カード
を全部混ぜて，どの音なのか仕分けをさせたり，わざと間違えて正しく発
音しているかどうかを尋ねてみましょう。特に，/s/音と/z/音は聴覚障害
児にとって大変紛らわしいので，聞き分け問題を集中的におこないましょ
う。

　2 つの音の判別ができるようになっても，構音できるようになるまでに
は時間がかかります。何度もスパイラルに時間をかけて指導する必要があ
ります。中学生の場合は，-s の付く 3 人称単数形や複数形の違い（/s//z//ɪz/）
の聞き分けができるかどうかやってみましょう（第 3 章に活動を掲載）。

　聴覚障害児や日本人学習者にとっては，摩擦音の /z/ と破擦音の /dʒ/
の判別や発音は大変難しいです。通常学級内でもアルファベットの z と g
の聞き取りの間違いや，発音の間違いが聴児でも多く発生し，習得に時間
がかかることがわかっています。個別指導においては，アルファベット文
字を使って z と g の判別を徹底的におこなってください。間違いなく判
別できるようになるまでにはある程度時間がかかります。判別ができても，
構音できるようになるまでには，さらに時間がかかるようです。

　下の写真は，4 年生の聴覚障害児がアルファベット文字の g/dʒiː/ と
z/ziː/ の聞き分けをして文字を指さしている様子です。先生の口形の違い
を見て，かつ，聴覚を活用して音の違いを判断しています。最初は，なか
なか判別ができませんでしたが，数か月の指導の後，判別できるようにな

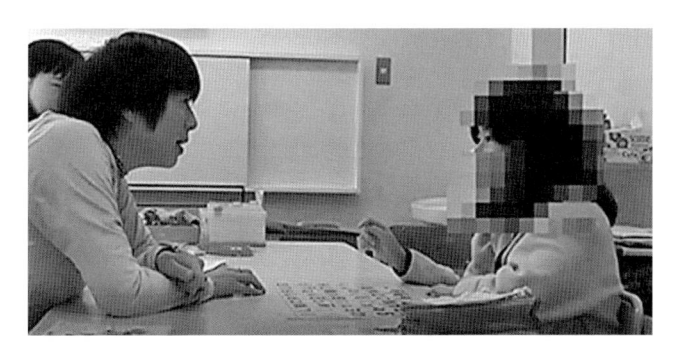

聴覚障害児がアルファベット g と z の聞き分けをおこなっている様子

りました。構音ができるまでにはさらに時間を要しますが，スパイラルな指導を重ねることによって，苦手な発音も克服していきました。その様子は，第1章の pp. 30〜33 をお読みください。

　では，次に破擦音を指導しましょう。

⑤ /tʃ//dʒ/（舌と歯茎を使う破擦音）

　唇を丸くして破裂音の［t］のように舌先を歯茎につけ，実際に［t］を発音させてみましょう。歯茎を舌先からすぐに離さず，ややゆっくりとじわっと出すようにすると，破裂と摩擦がほぼ同時に起こって ch の文字に対応する［tʃ］の音が発声されます。/tʃ/ と /dʒ/ の聞き分けができるように，ch と g の文字カードを机の上に置いて，聞こえた方を指さしできるか確認し，一緒に発音するように指示を出しましょう。

　［dʒ］の構音方法は，「チ」のイメージで舌先を歯茎に付けた後，ゆっくりともう一度舌の奥の部分を歯茎に近づけて［tʃ］とまず発音した後に，今度は声を出してみてください。

　［dʒ］は，アルファベット文字の j と g の発音に含まれる音素です。先生の発音を ALT など英語母語話者に聞いてもらい，正しく発音できているか確認してから指導を始めましょう。

　まず，聞き分けができるかどうかを観察しましょう。アルファベット文字の g と z のカードを机に置いて，先生が発音した方を指させるか確認してください。

　これら Step 2 の音素は，聞き分けができるようになっても構音できるようになるまでに時間がかかります。ある程度聞き分けができるようになったら Step 3 の音素を導入しながら，Step 2 の音素を復習するといったスパイラルな指導を心掛けていきましょう。

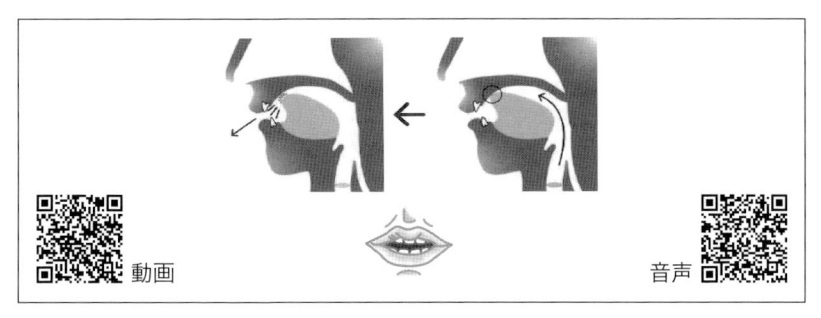

[tʃ] [dʒ] の発音と口形

Step 3　日本人が苦手な音の判別　半母音・側音

　半母音の /w//r//j/，側音の /l/ は総称して「接近音」とも呼ばれます。どの音素も日本語母語の英語学習者にとっては，聞き取りも発音も難しい音素です。3 つの半母音は，母音に似た特性を持っています。/r/ と /l/ の 2 つは「流音」，/j//w/ は「わたり音」とも呼ばれます。側音は文字通り，/l/ は舌の両側から息が口の両側から出ていくように発音されます。

① /r/（舌先と歯茎を使う半母音）

　red のようにこの音が母音の前にある場合，唇を丸めて舌の先を上の歯茎につかない程度に巻き上げます。それに対して，日本語の「ラ」は，舌先が一瞬歯茎に接してからすぐに離れて構音されます。歯茎が一瞬つくか（日本語）つかないか（英語）を意識してください。car のような母音の後の [r] はアメリカ英語の場合，舌先は使わず，舌の中央を口の奥に向けて持ちあげます。

　この [r] 音も根気よく，スパイラルに指導していく必要があります。聴覚レベルが中度程度の聴覚障害児に指導した際，[r] の構音がなかなか上手くいかず，[w] や [u] になってしまうことが観察できました。この原因は，[r] と [w] の区別がつかないためです。まず，r で始まる単語と w で始まる単語の絵カードを使って，聞き分けを徹底的におこなってみましょう。

② /l/（舌先と歯茎を使う側音）

　/l/ は音節の頭音にある場合ははっきりと聞こえるので「明るいL」，語末にある場合はあまりよく聞こえないので「暗い（ダーク）L」と呼ばれます。頭音の場合は，舌先を歯茎にしっかりと押し当て，息が舌の両側から出るようにして「ル」に近い感じで発音していきます。語末や，直後に別の子音が続く場合に，ほとんど聞こえなくなります。girl, towel, milk などは，/l/ がほとんど聞こえず，日本人にとっては「ウ」と聞こえます。

　［r］と［l］の2つともが構音できるようになるには，まず聞き分けができるようになることです。聴覚障害児に限らず，日本人学習者にとってとても難しい音です。まずそれぞれの音で始まる単語絵カードを使って発音を真似させます。［r］と［l］の音を口元をよく見せながら交互に発音していきましょう。聞き分けが難しくても，［r］の方が唇を丸めるので，口の形に丸みがあるかないかがわかれば，次第に音の違いもわかるようになります。構音も練習させますが，まずは聞き分けができることを目指して，発音の指導をしていきましょう。

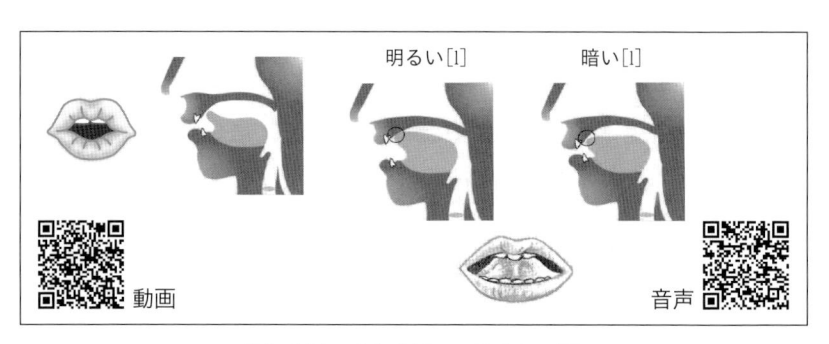

明るい[l]　　暗い[l]

［r］（左）・［l］（右）の発音と口形

③ /w/（両唇を使う半母音）

　この子音は母音の［u］と間違えやすいです。どちらも唇を丸くして前に突き出すようにして構音しますが，［w］は［u］や日本語の「ウ」よりももっと唇を突き出して，息を速めてお腹の底から一気に出すようにします。母音に似ていますが，母音のように長く続かず短い音になります。聴

覚障害児には /u/ と /w/ が同じ音に聞こえていますので，唇の形を見せ，まず 2 つの口形の違いを理解させましょう。

　カタカナの「ウッド」と英語の wood の違いが構音できるかどうか ALT の先生に聞いてもらったり，ALT にも発音してもらったりして，まず先生自身がトレーニングをし，構音の違いがわかるようにしましょう。

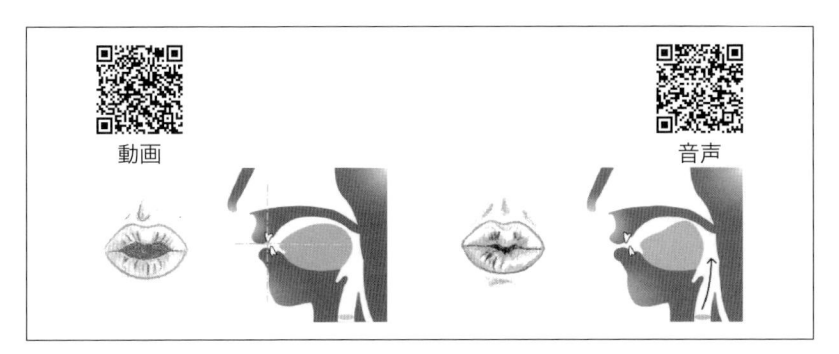

［u］（左）・［w］（右）の発音と口形

④ /j/（舌と歯茎を使う半母音）

　「接近音」とも呼ばれます。y で始まる単語（yard, year, yellow, yogurt, yo-yo）や music などに含まれる発音です。舌の前の部分を口内上部の硬い部分に近づけ，舌の中央部を持ち上げるようにして，その隙間から強く息を押し出すような感じで音を出します。「イ」と「ユ」の中間の口の形で音を出すイメージで発音してみてください。

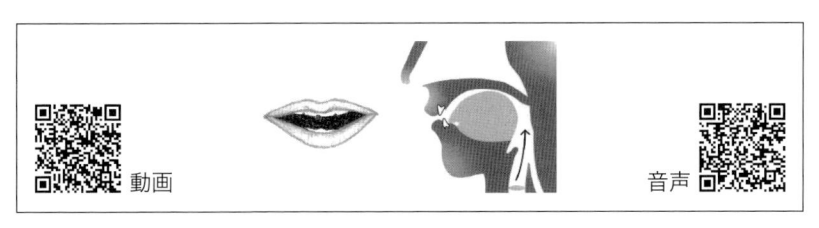

［j］の発音と口形

　子音の聞き取りや構音がかなりできるようになったら，母音に焦点を置いた指導を始めます。小学校のレベルでは，アルファベット aeiou に対応する5つの単音母音 a /æ/, e /e/, i /ɪ/, o /ɑ(ɔ)/, u /ʌ/ を基本母音として指導します。中学生になると，長母音や二重母音についても指導していきますが，アルファベットジングルで使用する単母音の聞き取りや構音ができ，対応する文字を読めるように指導していくことが先決です。

　母音は，摩擦音などの高周波の音素に比べ，聴覚障害児には比較的聞こえやすいですが，日本語にない母音同士を判別することは難しいです。特に，/ɪ/ 以外の /æ－e－ɑ(ɔ)－ʌ/ は，日本語の「ア」に代替され，区別がつきづらく，/æ/ と /e/ は「エ」や「ア」と聞こえたり，/ɪ/ や /e/ の区別も「イ」のようにも「エ」のようにも聞こえたりするので，とても紛らわしいです。

　そこで，指導の前に，まず母音の構音の仕組みを確認しましょう。母音は，肺から送られた空気が声帯を振動させて有声化し，その声が口内のどこにも遮られずにのどからそのまま出ている音です。それに対して，子音は口内の様々な場所（調音点）で肺からの空気が遮られていることになります。日本語母音の5つに対して，英語子音は単母音，長母音，二重母音，三重母音と，実に種類と数が多いです。右の図5は，アメリカ英語の単母音と日本語の母音が発音される際の舌の位置を示したものです。

　例えば〔iː〕は，図の左上に表示されています。これは，舌の前の部分で，かつ，高い位置で発音されていることを示します。同じ高さでも英語の〔uː〕は右上にあり，舌の奥の方で発音されていることがわかります。この舌の動きを実感するために，日本語で「イー」と音を伸ばしてから「ア」と言ってみると，舌が一気に低い位置に動いていることがわかります。また，「イー」では唇の形が横に開いて舌が緊張していますが，「ア」では大きく口を開いた状態で舌は緊張していません。「ウ」は，唇を丸くさせて舌を緊張させ，舌の奥の高い位置で発音されていることがわかります。このように，母音の発音は，（1）舌の頂点の高さ，（2）舌の前後の動

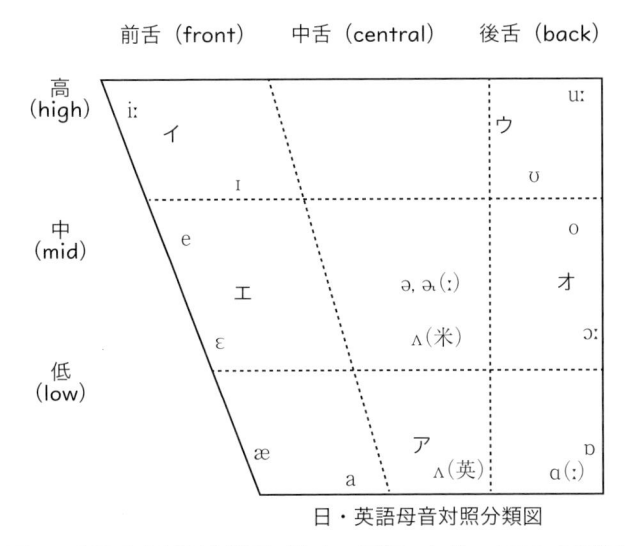

図 5.　英語母音対照分類図（片山・長瀬・上斗，1996 を編集）

き，（3）唇が丸みを帯びているかいないか，（4）舌の筋肉の緊張度合によって分類されます。

　aeiou の基本の 5 つの母音の構音方法については，次ページの表 4 をご覧いただき，特に口形を意識して先生自身の発音を確認しましょう。ALT にも協力してもらって，「ア」で代替される紛らわしい発音の母音（[æ-e-ɑ(ɔ)-ʌ]），[æ] と [e] の違い，[ɪ] や [e] の違い，[ɪ] や [e] と日本語の「イ」や「エ」との違いを ALT にも確認してもらいましょう。

　聴覚障害児に対しては，まず，基本母音 5 つの判別能力を上げるために，ミニマルペアの絵カードセットを使って「真ん中の母音」の違いがわかるかどうかを観察しましょう（p. 78 に掲載）。「どちらを発音しているでしょう？」と尋ねて，発音した方を指さすように指示し，紛らわしい発音のペア（あるいは 3 つ）の真ん中の母音の口形がどのように違うのか尋ねてみましょう。

動画　　表4．英語の基本単母音5つの構音方法　　音声

口形	母音	単語例と口形	構音方法
（発音していく順番）　口が横に広がる↓上下に広く広がる↓　口を丸めて軽く開く	i [ɪ]	igloo, iguana, ink	イより横に引っ張る感じを示すために，ほっぺたをつねりながら横に引っ張り，イーと伸ばしてから急に音を止めてみると，[ɪ] の発音に近い音が出ます。舌の緊張を解いて，イとエの中間の音を出すつもりで発音してみましょう。
	e [e]	egg, elbow, elephant, elf	日本語のエよりも舌の位置を低くして，口を開き気味で発音します。同時に口を少し横に引っ張り気味にして，エよりはっきり言うように発音することがコツです。そのため，[æ] の音と似て聞こえます。
	a [æ]	alligator, apple, ant	アと言った後にエと言います。その2つの中間の口の開け方でやや両手でほっぺたをつねって横に引っ張りながら，アとエの中間の音を出します（そうするとほっぺたの筋肉が横にピンと張るのがわかります）。[e] の音よりも舌の位置が下がります。
	o [ɑ(ɔ)]	octopus, omelet, orange, otter, ox	大きく口を開けて，アよりも舌を少し後ろに下げます。口の中の舌がよく見えるようにして発音すると [ɑ] になり，オに近いアで発音するとイギリス発音の [ɔ] になります。[ɔ] は唇を丸めてみてください。
	u [ʌ]	up, umbrella	アより口を閉じ気味にして，舌は中くらいの高さにし，筋肉を緊張させずに軽く発音してみてください。口の開け方に注意して cap（横に広がる）⇒ （カタカナの）カップ（上下で広く開く）⇒ （口を小さく，あまり開かないようにして）cup と発音してみましょう。口の大きさが変化したのがわかるでしょう。[æ] や [ɑ(ɔ)] よりも口を開かないように気を付けてください。

（河合・高山，2021，p. 38 より改編）

①真ん中の母音が紛らわしい単語のペア

map – mop	net – nut	cap – cup
fan – fun	man – men	ship – sheep
pen – pan – pin		

　中学生に母音を指導する際は，外来語と英語の違いがわかるかどうか頻出語彙を使って質問してみましょう。下記は中１に頻出する単語で，下線部は基本母音の音と文字に対応しているパターンです。

トランペット － trumpet　　　　サマー　　－ summer
ドラム　　　　－ drum　　　　　　クラブ　　－ club
ブラスバンド － brass band　　　コーヒー － coffee
チャット　　　－ chat　　　　　　カナダ　　－ Canada
マラソン　　　－ marathon　　　　ドクター － doctor
プラン　　　　－ plan　　　　　　　デジタル － digital

②ブレンディングに挑戦

　ブレンディングの活動を始める目安は，３文字の単語の，真ん中の母音の聞き分けがだいぶできるようになった頃です。母音の判別が難しいと，ブレンディングは難しく感じるはずです。例えば，/m/–/æ/–/p/ と順番に発音すると，聴覚障害児は map なのか mop なのかよくわからず混乱します。下記の活動例のように，真ん中の母音が紛らわしい単語のペアを１音１音分解して発音して，聞こえた単語の絵を指さす練習をします。

どっちの単語でしょう？（絵カードを見せながら，/m/–/æ/–/p/ と１音ずつ発音する。誤答であれば，それぞれ発音を１音ずつ聞かせてみる）

map　　　　　　　　　　mop
/m/–/æ/–/p/　　　　　　/m/–/ɔ/–/p/

ブレンディングの活動例

Step 5 中学生レベルの音素

　ここでは，小学生に指導していない音素に着目します。聞き取りも構音も難しくなるので，小学生レベルの音を徹底した上で始めましょう。

1. 子音
① /ŋ/ 舌奥を使う鼻音

　舌奥を口内の奥につけて空気を鼻から出していきます。日本語でも「リンゴ」のように，[g] や [k] が後続する場合は，「ン」の発音は [ŋ] になります。進行形の -ing を綴り通りに「イング」と発音する日本人は多いですが，例えば，singing は [sɪŋɪŋ] で [g] は発音されていません。「イング」とはっきり言わないよう，鼻から息を出す感じを徹底させましょう。

　聴覚障害児には，鼻音だということが感覚でわかるように，鼻をつまんで singing と言えるかどうか体験させてください。言えないので，「鼻から出ている音」ということがわかりますね。

　下記の [ŋ] を含む単語は，「ング」と発音しないように，鼻から息を出すことを意識させましょう。singer [sɪŋər] には [g] がなく，finger [fɪŋgər] には [g] が含まれます。これは，sing という意味を持つ言葉に人を示す -er や，進行形 -ing を付加するためです。対して，finger はこれ以上分解できない 1 つの意味を持つ言葉なので [g] が含まれます。anger もこれ以上分解できない意味を持つ言葉なので，発音は [æŋgər] となります。

sing	singer	singing	exciting
bring	bringing	running	shopping
long	spring	building	everything
anything	young	boring	during
camping			

② /θ//ð/ 歯間と舌先を使う摩擦音

　絵カードには，thin, mouth などに th［θ］の発音が含まれていますが，小学校レベルでは，まず摩擦音の［s］と［z］を徹底的に指導し，判別ができるようになった上で，［θ］と［ð］を中学生に明示的に指導していきます。［θ］の音は，日本語にないので，mouth を「マウ<u>ス</u>」と言ってしまうように，口形の作り方や息のコントロールが日本人にはとても難しいものです。まず教師が口形を見せて，/s/ の音とは違うことを認識させ，/s/ と /θ/ の判別ができるようにします。

　発音する際は舌の先を上下の歯の間から少し出して，そのまま息を出します。舌先を上の歯に軽く当てて，その隙間から息を押し出してもかまいません。この時，声帯は振動していません。［s］の音に比べて息の出方が弱いので，［s］［θ］［s］［θ］を交互に繰り返して，息をコントロールできるようにしていきましょう。

　［θ］の音を構音する感覚がつかめたら，音を振動させて［ð］の音を出す練習をしてみましょう。この音は［z］の音と似ていますね。舌を引っ込めて発音してしまうと，［z］になってしまうので注意しましょう。構音すると，音が擦れる感じを体験させ，この音も摩擦音であることを認識させてください。<u>then</u> /ð//<u>zen</u> /z/, clo<u>the</u> /ð//close /z/ など /ð/ と /z/ の判別問題をやってみましょう。

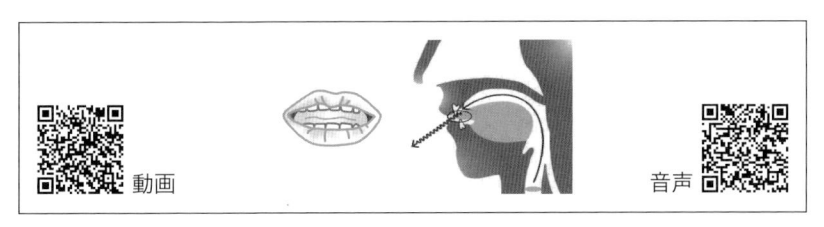

［θ］［ð］の発音と口形

③ /ʒ/ 舌の前部分と歯茎を使う摩擦音

　日本語のジュと似ています。/z/ や /dʒ/ と紛らわしいので聞き分けられるようにしていきましょう。構音方法は，まず［ʃ］音を出して，声帯を振動させます。舌の前方を歯茎より少し奥の方に近づけて，唇は丸く突き出すようにして息を鋭く出していきます。この音は語頭には現れません。

visual　　usually　　pleasure　　Asia　　treasure

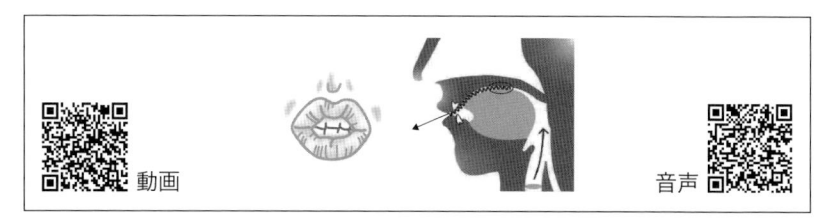

［ʃ］［ʒ］の発音と口形

2. 母音

　中学生以上には，基本母音の5つの聞き分けや発音をまずチェックし，ある程度聞き分けができるようであれば，以下の母音の指導をおこなっていきましょう。

① /ə/ あいまいな単母音

　/ə/ は英語でシュワ（schwa）と呼ばれます。［ʌ］と似ていますが，強勢のない音節でしか現れないので，［ʌ］よりももっとあいまいに弱く発音します。口を少し開けて，唇も舌も力を入れずに半開きのような感じで軽く「ア」と発音するイメージです。

　絵カードを使って簡単な単語から発音してみましょう。次ページの単語の下線部がシュワの発音になります。まず，カタカナ英語ではっきり発音してから，息の強さを弱くして発音してみましょう。聴覚障害児には口形を特に意識させましょう。また，シュワのある音節は弱音節ですから，逆にどこの音節が強く聞こえるか尋ねてみましょう。

バナナ	－ banána	コンピューター	－ compúter
ゴリラ	－ gorílla	サーモン	－ sálmon
テレフォン	－ télephone	テレビジョン	－ télevision
トマト	－ tomáto	ワゴン	－ wágon

動画　　　　　　　　　　　　　　　　　　　　　　音声

［ə］の口形

② /ə(:)r/ と /ɑ(:)r/

　続いてシュワに r を伴う［ə(:)r］パターンと，口を大きく開けて r 音を伴う［ɑ(:)r］を比較してみましょう。［ə(:)r］は，口を半開きにして，まずあいまい母音の［ə］の音を出してから，舌先をそらせて［r］の音を付け加えます（イギリス英語では r を発音しないので，舌先をそらせません）。

　それに対して，［ɑ(:)r］は，口を大きく開けて舌を下げて［ɑ］の音を出してから，舌先をそらせて［r］の音を付け加えます。

　computer の最後の音節には，シュワの e の後に r が入っています。語尾の er のように e の後に r を伴う［ər］の構音は，日本人にとって大変難しいので，聴覚障害児にはまず口形を意識させ，/ə(:)r/ と /ɑ(:)r/ の

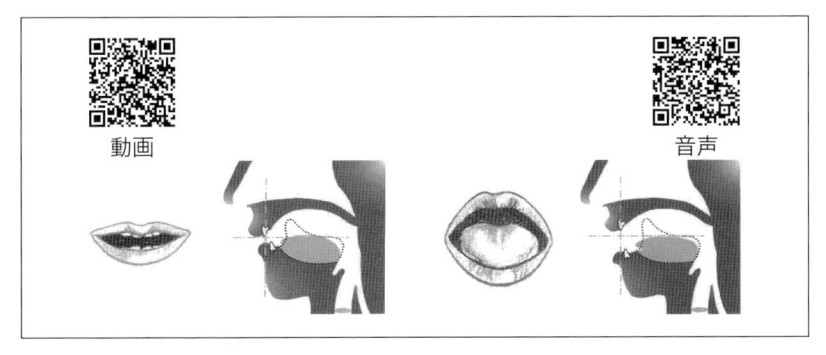

動画　　　　　　　　　　　　　　　　　　　　　　音声

［ə(:)r］（左）と［ɑ(:)r］（右）の発音と口形

聞き分けをしてみましょう。farmer には両方の音が入っているので，よい構音練習になります。表 5 の単語を使って，/ə(:)r/ と /ɑ(:)r/ の聞き分けをしてみましょう。

表5. [ə(:)r]・[ɑ(:)r] の音が含まれる単語リスト

[ə(:)r]	alligator, butterfly, computer, farmer, flippers, flower, hamburger, hammer, hamster, otter, purple, rooster, ruler, spider, summer, tiger, water, zipper
[ɑ(:)r]	bar, car, dark, farmer, harp, heart, park, shark, star

③長母音 /iː//uː//ɑː//ɔː/

日本語の「イー」は，短音の「い」を伸ばす感覚で発音していますが，英語の [iː] と [ɪ] は日本語と違い，構音方法が異なることが特徴の 1 つです。[iː] は，口を横にして「いー」と音を伸ばすと，舌も唇周辺の筋肉も緊張していることがわかります。「いー」の音を突然に止めると [ɪ] の音になります。このとき，舌や唇周辺の筋肉の緊張を一気に緩めて [iː] の口形よりやや開けた感じにしましょう。この口の大きさから，日本語の「い」よりはイとエの中間のような音になります。

[uː] は，日本語の「う」よりももっと唇を丸く，前に突き出すようにして口形を作りましょう。すると，舌の高さが [iː] と同じように上がり，舌の奥の方で構音されていることがわかります。

[ɑː] の構音のコツは，口を縦に大きく開けると舌の位置が最も下がり，舌をさらに後ろに寄せることです。母音の中で一番大きく口を開ける音なので，大きなあくびをするイメージで発音してみましょう。[ɑː] と出しながら，舌先を少し後ろにそらせると [r] がついて [ɑːr] の発音になります。

[ɔː] は，舌と唇をやや緊張させて，[ɑː] よりも舌の位置が高く，口の開きが小さく，丸みを帯びた唇形になります。口の中を空洞にするように発音しましょう。日本人にとっては，二重母音 [oʊ] との区別がつきづらく，聴覚障害児にとっても難度が高いのですが，口形に注視すれば歴然と異なることがわかります。/ɔː/ と /oʊ/ のミニマルペアの聞き分けクイ

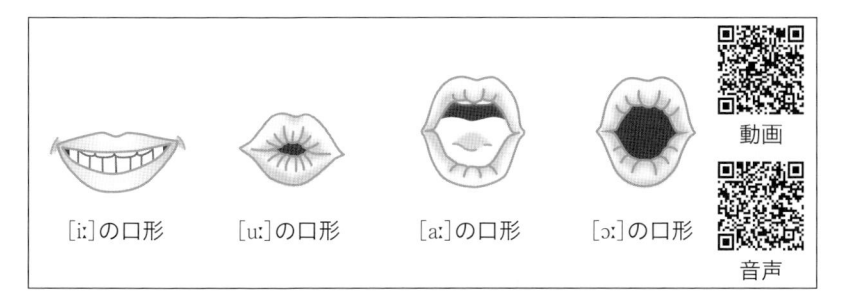

[iː]の口形	[uː]の口形
[aː]の口形	[ɔː]の口形

動画

音声

ズをおこなってみましょう。/ɔː/ は過去形不規則動詞に頻出します。caught, bought, taught の母音は，全て /ɔː/ になります。

　下の表6は，中1に頻出する長母音が含まれる単語リストです。

表6.　長母音が含まれる単語リスト

/iː/	beach, beads, bee, between, cheese, clean, coffee, comedian, each, easily, easy, either, eat, eve, fever, ice cream, Japanese, leaf, need, peace, peach, peak, peanut, peas, people, queen, repeat, seal, secret, seed, sheep, sleep, speak, sweep, tea, teacher, team,
/uː/	afternoon, balloon, blue, choose, cool, goose, igloo, juice, kangaroo, moon, museum, newt, noodles, noon, pool, room, rooster, school, shoes, soon, soup, spoon, tooth, two, zoo
/ɑː/	aunt*, father, calm, drama*, grandfather,
/ɔː/	all, almost, also, always, ball, bought, call, caught, chalk, doll, draw, fall, hall, hallway, log*, saw, small, sorry*, strawberry, talk, taught, walk, wall, water, watermelon

＊印の単語の下線部は，2通りの発音が表記されている場合があります。
＊長母音に［r］が後続する単語は含まれていません。

④二重母音 /eɪ//oʊ//aɪ//aʊ//ɔɪ/

　英語には二重母音があることは知られていますが，日本人学習者は train をトレインのように2つの母音に切り離して捉えがちです。英語では，1つの音節内で1つの母音から別の母音への移動が起こっており，通常は初めに発音される母音の方が目立って聞こえてきます。1つ目を強く目立たせるようにして，すぐに2つ目の母音の口形にして1つ目の母音からつながるように発音していきます。

[eɪ] は，[e] を発音した後に口を横に引くと，舌が [ɪ] の音の位置まで上がっていきます。日本語には伸ばす音があるので，game は外来語で「ゲーム」となりますが，英語では [eɪ] と二重母音になるので，[e] と [ɪ] を続けて言うようにして構音します。

　[aɪ] は，まず大きく口を開けて [a] の音を出すと，舌の位置が低くなります。そこから，一気に口を横に引っ張るようにして [ɪ] の音を出すと舌の位置が上がるのがわかります。

　[aʊ] も，大きく口を開けてまず [a] の音を出してから，唇を丸くして少し尖らせて [ʊ] の音を出すと，後舌の位置が上がっていくのがわかります。

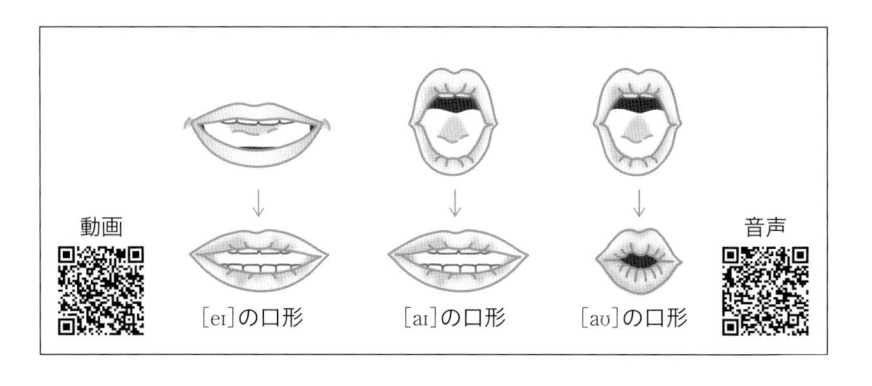

動画　　　　　　[eɪ]の口形　　　[aɪ]の口形　　　[aʊ]の口形　　　音声

　[oʊ] は，日本語のオとウを連続して「オウ」というイメージで，オを発音してすぐに唇を丸めてウと発音します。アルファベットの o の発音がこの二重母音となります。舌奥がやや真ん中の高さから上がります。

　[ɔɪ] は，後舌を口の中の真ん中あたりの高さにし，唇をやや丸くして [ɔ] と発音して，その後，口を横に引いて [ɪ] の音を出します。すると舌の位置がさらに高くなることがわかります。

　まず日本語長母音と二重母音の違いがわかるかどうかを尋ねてみましょう。日本語長母音をまず発音して，その後英語らしく二重母音を意識して発音して聞かせてみましょう。

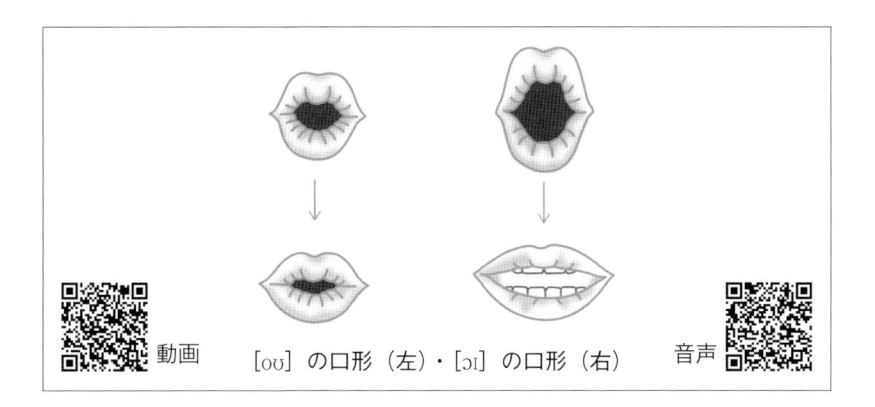

動画　[ou] の口形（左）・[ɔɪ] の口形（右）　音声

「エー」	⇒	[eɪ]	「オー」	⇒	[ou]
ケーキ		cake	コート		coat
ステーキ		steak	ドーナツ		donut
グレー		grey	ノート		notebook
デート		date	スノー		snow
トレーニング		training	ソープ		soap
ゲーム		game	ヨーヨー		yoyo

　次に，二重母音を含む簡単な単語の絵カードを使って，二重母音である
かどうかを確認していきましょう。中学生の場合は，発音記号カードを作
成して，二重母音の分類をしていくのも方法です。次の表7の単語を使
って，日本語長母音か二重母音の違いがわかるかどうかを尋ねてみましょう。

表7. 二重母音が含まれる単語例

[eɪ]	alligator, baby, cake, crayon, date, game, gate, grapes, lake, nail, name, potato, radio, rain, rainbow, rake, snail, snake, tail, tomato, train, vase
[aɪ]	bicycle, butterfly, dice, kite, library, light, lion, night, pie, rice, sky, spider, tie, tiger, triangle, violin, xylophone
[au]	cow, flower, house, mouse, mouth, towel
[ou]	coat, donut, elbows, goat, nose, notebook, robot, snow, soap, window, yoyo
[ɔɪ]	boy, toy

音素を超えたレベルの指導

　聴児・聴覚障害児を問わず，英語音声の聴解や構音の向上を目指すには，これまで取り上げてきた音素だけでなく，音素を超えたレベルの内容（超分節音，またはプロソディと呼んでいます）を習得することが必要です。超分節音には，ストレス・リズム・イントネーション・ピッチが挙げられますが，小・中学生は，活動を通してそれらの特徴を身に付けていくことで，複数音節や文レベルの発話にも自信を持って取り組めるようになります。

　本節では，以下の5つの活動をご紹介します。

活動❶ **音節認識**

　学年が上がると，次ページ表8のような複数音節の単語が増えます。特に音節内に子音連結が含まれていると，聴覚障害児にとっては発音の難度が上がってしまいます。音節を意識できる活動を取り入れると，複数音節や子音連結を含む単語も発音できるようになります。英語の音節（syllable）の基本的な構造は子音＋母音＋子音（CVC）で，母音の箇所が目立って聞こえるので，「音のかたまり」として認識することができます。例えば，monkey は，mon と key の2つの音のかたまりから成ります。日本語の外来語と比較してみるとわかりやすいと思います。モ・ン・キ・ーは4モーラですが，mon-key は2音節ですね。日本語のモーラに影響されないよう，英語の音節の感覚を身に付けることは大変重要です。

　絵カードを使って，まず音節に合わせて手を叩く，「音節クラッピング」の活動をおこなってみましょう。

先生：How many syllables？Are you ready？
児童：Yes.
先生：（絵カードを見せながらゆっくりと，最初は音節がわかるように発音する）ham-burg-er（そしてクラップを促す）Ready？One, two.

ham-burg-er

児童＋先生：（最初は生徒と一緒に教師も ham-burg-er と言いながら 3 回手を
　　　　　　叩く。このやり方に慣れてきたら，生徒 1 人でクラップしてもらう）

　必ず単語を発音しながらクラップさせるようにしましょう。複数音節だ
けでなく，1 音節単語も時折入れてみましょう。その場合は，1 回だけ叩
けるかどうか確認します。例えば，国名のフランスは日本語では 4 モーラ
（フ・ラ・ン・ス）ですが，英語では 1 音節（France）です。慣れてきたら，
単元学習で用いている複数音節を持つ単語（国名・曜日・月の名前・教科名
など）を取り入れてみましょう。第 3 章で活動例を紹介しています。

表 8．複数音節の単語例

音節数	単語
2	baby, candy, carrot, cookie, crayon, dolphin, donut, dragon, elbows, farmer, flippers, flower, giraffe, guitar, hammer, ice cream, igloo, jacket, kitten, lemon, lion, mitten, mother, monkey, noodles, notebook, orange, otter, panda, peanut, pencil, penguin, pizza, pocket, question, quiet, rabbit, rainbow, robot, rocket, rooster, ruler, salmon, spider, summer, tiger, towel, wagon, water, window, x-ray, yellow, yogurt, yoyo, zebra, zipper
3	banana, bicycle, butterfly, computer, elephant, gorilla, hamburger, iguana, kangaroo, library, octopus, omelet, potato, strawberry, telephone, tomato, triangle, umbrella, violin, xylophone
4	alligator, television

活動❷　オンセット & ライム

　ミニマルペアの活動を通じて音素認識能力が高まってきているので，単
語内構造を指導して英語の音韻認識を強化していきます。
　これまでミニマルペアの活動で使用してきた bat や map といった 1 音
節 3 文字の単語を使ってオンセットとライムの関係を教えましょう。例
えば，bat は 1 音節で，この単語内を区切ると，b と at に分けられます。
これは英語母語話者の感覚です。
　ところが，日本人の場合，日本語モーラの影響により，ba と t で区切
る学習者が多いです。明示的に指導しないと，英語の音韻認識を習得する

ことは難しいと思われます。できれば中学校へ進学するまでに，英語の単語は，基本的にオンセットとライムから成り立っていることを理解させます。

日本人	英語母語話者
ba-t	b-at
日本語の感覚で「バ」でひとかたまりと感じる	↑↑⌐ ライム　オンセット

単語内の区切りの感覚の違い

　指導時期の目安は，音素と文字の関係をわかるようになる 5 年生の後半から 6 年生にかけてです。ここでは，bat, cat, fat, hat, mat, rat の単語を使って共通するライムの -at に気付かせる指導例を示します。

先生：What is this？
　　　（と尋ねながら，絵カードのイラスト側を見せて発音させる）
児童：bat, cat, fat, hat, mat, rat
先生：Good. この単語って何か共通しているんだけどわかるかな？
児童：うん。全部終わりが同じ？
先生：そうだね。何の音？
児童：全部終わりに at がついてる
　　　（と最初から答えられればよいが，語末の /t/ だけ答えた場合は）
先生：Very good. でも，あともう一音ないかな？
　　　（と言って，先生が再度絵カードを見せて発音しながら綴り側を見せる）
児童：あー，at が同じ？
先生：そうだね。よくわかったね！ Very good.

　例のように同じライムを持つ単語を並べることは，「同じ韻を踏む」単語を並べていることになります。小学生では，ミニマルペアで頻出している単語を使ってオンセットとライムの関係を指導することができます（次ページ表 9 参照）。ミニマルペアは，綴りの関係ではなく，ライムの部分は同じ発音を持つ単語であることに注意しましょう。したがって，doll

1. 絵カードの発音→同じ音を尋ねる。

2. 綴り側を見せて発音し，オンセットとライムの関係を文字によって認識させる。

   bat-cat-fat-hat-mat-rat

表9．オンセットとライムの関係を指導できる単語例

rime	単語例	rime	単語例
-at	bat-mat-rat-cat-fat-hat	-ish	dish-fish
-ig	big-pig-fig-wig	-ark	park-dark-shark
-an	pan-man-fan-van	-og	dog-log-frog
-en	pen-men-ten-hen	-ake	cake-lake-rake-snake
-un	gun-fun-sun-run	-ice	dice-mice-rice-slice
-ox	ox-box-fox	-air	bear-pear (chair)
-in	pin-fin-thin-spin	-oat	boat-goat-coat
-ink	ink-pink-drink	-ap	map-nap-cap
-all	ball-tall-wall-small (doll)	-ee	bee-see-tree
-et	net-jet-wet-vet	-ad	dad-sad
-ug	bug-mug-rug	-ock	sock-rock-clock
-op	mop-top-hop-stop	-ark	bar-jar-car-star

＊（　）内は，同じライムで綴りは異なる単語です。

と wall は，綴りは違ってもミニマルペアとなりますが，上記のように小学生にオンセットとライムの関係を指導する際には，綴りが異なるミニマルペアは除外した方がよいでしょう。

　中学生については，綴りの法則（フォニックス）が関わってくるので，綴りが同じものと違うもの（例.pear-bear-chair-air-pair）を取り上げて，フォニックスの指導へ発展させることもできます。

　次の活動例③④⑤については，中学生向けの指導として紹介します。小学生に対しては，歌やチャンツを使って楽しく英語のプロソディを指導す

るとよいでしょう。具体的には第 3 章を参照してください。

（p. 61 参照）

活動❸ 強勢（アクセント）（中学生向け）

　複数音節単語の中には，strawberry とストロベリーなどのように，強勢（アクセント）位置が日本語の外来語と異なる場合もあります。アクセントの位置を理解するためには，強音節を「強く・高く・長く・はっきりと」発音することを意識付けましょう。強音節とは対照的に，弱音節は「弱く・短く・低く・あいまいに」発音することで，強音節との差を際立たせるとより英語らしい音声となっていきます。英語の単語には，hámbùrger, básketbàll, Jàpanése など，一番強く発音される第 1 強勢と，2 番目に強く発音される第 2 強勢を伴うものがあります。第 2 強勢は，第 1 強勢でもなく，弱音節でもなく，いわゆる「中音節」と呼ばれるアクセントで，この存在によってより英語らしい音声となりますが，まずは，強勢（アクセント）の概念を理解し，生徒自身が意識して発音するように促してみましょう。

　以下，絵カード（p. 61 参照）を使って，複数音節単語で一番強く聞こえる音節を体感できるようなトレーニングをしてみましょう。絵カードの綴りには音節を表す●（強音節：最も強く発音される音節）と○（弱音節）が綴りの下に示してあります。3 音節以上の単語には，hamburger のように第 2 強勢を持つ単語もありますが，聴覚が弱い生徒にとっては，まず，強音節と弱音節の違いがわかることが重要です。

　まず，活動①音節認識でおこなったように，手を叩きながら何音節あるのか尋ねてみましょう。次に，さらに強音節と弱音節のメリハリをつけて発音して，どこの音節が最も強いか尋ねます。最初は，外来語と強勢位置が異なる位置にあるような，わかりやすい単語から始めましょう。

先生：（絵カードのイラストを見せて単語を発音し，手を叩かせて音節数を尋ねる）

 ba-ˈnan-a. How many syllables?

児童：Three？

先生：Yes, that's right. じゃあ，どこのかたまり（音節）の音がいちばん強かったかな？（右図のように黒板に○を3つ，○○○のように描く。上に1, 2, 3と番号を振ってもよい。再度大げさに発音）ba-nan-a.

> ① ② ③
> ○ ○ ○
> ba-nan-a

児童：2番目？

先生：Yes, excellent！（と言って，綴り側の○●○を見せる）●のところが強く発音されているね。一緒に発音してみよう。

じゃあ，同じように他の単語もかたまりの数と，どこのかたまりが一番強いか答えてね。

　このやり方に慣れてきたら，教科書の本文の複数音節の単語にも挑戦していきましょう。下の表10は，職業の語彙群を強勢によって区分したものです。

表10．職業の語彙の強勢（アクセント）位置

強勢位置	単語
第1音節	áctor (2), ártist (2), áthlete (2), ástronaut (3), báker (2), cárpenter (3), cóok (1), dáncer (2), déntist (2), dóctor (2), fármer (2), fírefighter (3), flórist (2), núrse (1), pílot (2), scíentist (3), sínger (2), téacher (2)
第2音節	comédian (4), desígner (3), musícian (3), piánist (3), políce officer (5), repórter (3)
第3音節	enginéer (3), violínist (4)

＊（　）内は音節数

活動❹ リズム（中学生向け）

　音節が意識でき，強勢位置がわかるようになったところで，文レベルで英語らしいリズムが身に付くような活動をおこなってみましょう。

　文中には，「聞き手にメッセージを伝える必要のある語（内容語）」と，文法上必要ですが，「必ずしも聞き手に伝わる必要はない語（機能語）」があります。文中で内容語となる語の強音節は強く発音され，機能語は弱く速く発音されます。

英語の童謡（rebus rhyme）で有名な "This is the house that Jack built" を使って，内容語と機能語を確認しましょう。太字の this, house, Jack, built は，相手に伝わらなければならないメッセージで内容語，is, the, that は文中で機能的な役割を果たしている機能語となります。内容語の this が 1 拍目，house が 2 拍目，Jack が 3 拍目，built が 4 拍目のようにリズムを取って発音してみましょう。機能語の部分は内容語の拍の間で弱く速く発音します。手拍子を取りながらリズミカルに発音します。

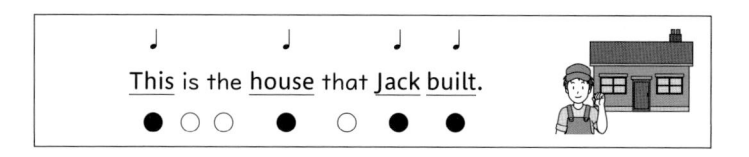

　中学生は関係代名詞を習うと，上記の that の部分をどうしても「ザット」と強くはっきりと発音してしまい，日本語発音になってしまう生徒が多いです。他者とのコミュニケーションにおいては，機能語は弱く速く，自然な英語に聞こえるように発音するように指導し，リズムを取りながらチャンツの形式で英文を読む練習をするとよいと思います。

　次ページの囲み内の小学校高学年で頻出する目標表現を使って，リズミカルに発音してみましょう。やり取りの表現になりますから，まず教師が質問をして生徒が答え，その後生徒が質問をして教師が答えるという順で進めてください。下の●の内容語を強く，○の機能語は弱く速く発音しましょう。

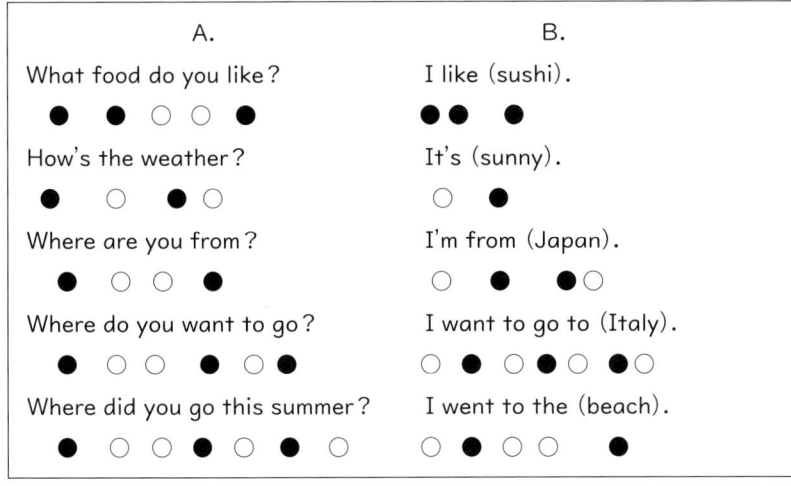

＊Bの答え方は，文脈によって主語を強く発音する場合と，弱く発音する場合があります。

活動❺　イントネーション（中学生向け）

　単元に頻出する英文を使って，イントネーションの指導をしてみましょう。聴覚障害児は語の聞こえがほぼ明瞭であれば，イントネーションの聴解もあまり問題がないと言われています。しかし，重度の聴覚障害者の場合は，強勢やイントネーションのようなプロソディの聴解が難しいので，活動③④の活動と合わせてスパイラルな指導を心掛けましょう。

　近年，日本語のアクセントの平板化が特に若い世代で顕著となっています。その癖を英語に持ち込まないように指導することが大切です。平叙文・命令文・疑問詞のついた疑問文は下がり調子，Yes/No で答えられる疑問文は上がり調子，A or B の形の疑問文は A が上がり調子で B が下がり調子だということは，通常学級の英語授業でも指導されていると思います。個別指導においても，まずいくつか既習の文を使って，文末が上がり調子（↗）か下がり調子（↘）なのか尋ねてみましょう。指を上向きか下向きかで示すように指示してください。英文を見せながらゆっくりと発音しましょう。この時，最初は教師だけが発音して聞かせ，2回目はイント

ネーションの上がり調子・下がり調子に留意しながら，先生の発音を真似して言わせるようにしてください。生徒が示す指の向きを確認し，正解の場合は下のように矢印（↗↘）を英文の横に書き入れましょう。一通り，英文を読み上げたら，今度は生徒がイントネーションに気を付けながら英文を読むように指示してください。

Do you like English? ↗
Are you good at sports? ↗
What subject do you like? ↘
What's your friend's name? ↘
What color do you like? ↘
What did you eat yesterday? ↘
Do you like baseball? ↗
Which color do you like, blue ↗ or purple? ↘
My birthday is July 4th. ↘
What does your father do? ↘

第 3 章

学年別活動の
アイディア

1 中学年児童への指導

1.1 指導の基本

　現在，公立小学校では 3 年生から外国語活動が開始されますが，低学年で「総合の時間」を使って ALT の先生と活動をしたり，英語のゲームをしたりするなど，すでに英語に触れた経験のある 3 年生児童は多いかもしれません。しかし，聴覚障害児童の場合，低学年の通常学級でそのような経験があっても，個別にあいさつをしてみると反応できなかったり，指導されたことの意図を理解していないことに先生が気付くことも珍しくありません。「外国語活動」とは言っても，中学年では週 1 回定期的に学習し，その積み重ねが高学年の「外国語科」へ繋がるわけですから，学習のモチベーションを高めていくことが大切です。そのために，通常学級の外国語活動のカリキュラムと連携した個別指導を立案していく必要があります。中学年への個別指導は集中力を考慮すると 1 回が 30 分程度で，週 1 回の通常学級の授業に合わせて週 1 回程度の時間が取れると理想的です。

　3 年生では，基本的に音声指導をおこない，4 年生になると，音を聞いて対応する文字認識を少しずつ扱います。そのため 3 年生の音声指導には，アルファベット文字を認識する指導も含めていきます。聴覚障害児は聞こえづらい分，視覚的な能力は高く，幼少時から読み書きができ，読書好きな聴覚障害児に出会うことが多いです。中学年の間にアルファベット文字の名前読みの指導を徹底しましょう。文部科学省教材 *Let's Try !* の単元にはアルファベット文字の学習がありますが，単元の学習だけで完結し，他の時間は扱わないということではなく，毎回の授業に帯学習として取り入れてください。聞き取りの能力をまず育てていきますが，先生が発音する文字と一緒に口形を見せ，文字を指さしながらリピートして発音させていきます。指導方法は，次の「1.2 基本の活動」をご覧ください。名前読みの発音では，聴児でも間違える g と z や，c などの聞き取りに特に

時間をかけましょう。

　個別指導（週1回30分程度）は，基本的に下の図1のような流れで行いましょう。中学年では，ミニマルペアのような多くの音素に触れる活動をおこなって傾聴姿勢を育成します。多くの語彙に触れて語彙力の向上を目指すため，トップダウン的な指導スタイルがやや多くなります。単元の頻出語彙ばかりにとらわれず，一音節単語から指導を始めてみましょう。また，アルファベット文字の認識力を強化していきます。

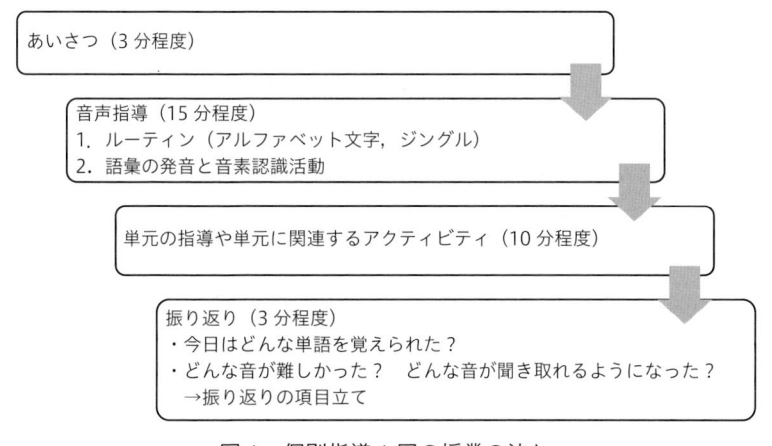

あいさつ（3分程度）

音声指導（15分程度）
1. ルーティン（アルファベット文字，ジングル）
2. 語彙の発音と音素認識活動

単元の指導や単元に関連するアクティビティ（10分程度）

振り返り（3分程度）
・今日はどんな単語を覚えられた？
・どんな音が難しかった？　どんな音が聞き取れるようになった？
　→振り返りの項目立て

図1. 個別指導1回の授業の流れ

　Let's Try! のテキスト内のリスニングは，児童がコミュニケーション活動を円滑に推進していくために，意味を理解するのが目的なので，聴覚障害児への音声指導として使用することにはあまり適していません。音素認識や音節認識など，英語の音声の特徴を体感する際は，単元の頻出語彙の絵カードを使って音声指導をおこなってください。

　単元の予習・復習においては，頻出語彙の意味を確認し，単語の頭の音や語末音を尋ねてみましょう。単元のトピックに関連する絵本の読み聞かせによって語彙をコンテクスト（文脈）の中で指導することも一案です。

1.2　基本の活動

アルファベット文字の「名前読み」の指導

　Let's Try! では，基本的に 3 年生 Unit 6 で大文字を，4 年生 Unit 6 で大文字・小文字の「名前」読みを学習します。しかし，1 つの単元で扱ったからもうおしまいとなっては，児童に定着していきません。母語である日本語に比べて英語に触れる時間が圧倒的に少ない日本の児童にとって，アルファベット文字を正確に認識していくことには大変時間がかかります。アルファベットの「音」読みに関しては指導しなければ身に付きません。聴覚障害児童は聞き取ることが聴児に比べて苦手であっても，文字を認識することは比較的早いので，3 年生では毎回の個別指導で大文字を扱い，4 年生では小文字の認識ができるようになったら，大文字と小文字のマッチングもできるようにしましょう。聴覚障害児童に教材による視覚保障をしていくことは大変重要なので，UD フォントで印刷した個別指導用のアルファベット文字カードを用意しましょう。通常教室で扱うような大きなサイズで作成する必要はありません。A4 判を 4 分割（A6 判）して，大文字カードと小文字カードを作成しましょう。

　アルファベット文字を指導する際は，常に先生の口元を「見ながら」発音を「聞く」姿勢を徹底させましょう。先生は，まずゆっくり A から発音していき，発音を真似させることによって，間違えやすい文字をチェックしてください。また，先生が発音した時に，児童が認識しづらい文字もチェックしてみましょう。認識しづらいのは形が紛らわしいのか，音が紛らわしいのかを確認する必要があります。

☞ Point　アルファベット文字のティーチャートークと発音の順番

先生：Point to "＿＿＿"（アルファベット文字の発音）

小文字の破裂音→鼻音→摩擦音・破擦音→半母音→母音が基本ですが，形を間違えやすい文字や摩擦音の g-z などは何度も確認しましょう。

　児童も教師も下記のシートを用いて，「聞き取りづらい文字」と「構音しづらい文字」をチェックし，該当する文字は何度も聞いて構音も同時に練習しましょう。

●**大文字**：先生の発音を聞かせて，児童が認識しづらいアルファベット文字にチェックをしましょう（聞き取りのチェック）。

□A	□B	□C	□D	□E	□F	□G	□H	□I	□J
□K	□L	□M	□N	□O	□P	□Q	□R	□S	□T
□U	□V	□W	□X	□Y	□Z				

●**大文字**：児童が発音を間違えるアルファベット文字にチェックをしましょう（構音のチェック）。

□A	□B	□C	□D	□E	□F	□G	□H	□I	□J
□K	□L	□M	□N	□O	□P	□Q	□R	□S	□T
□U	□V	□W	□X	□Y	□Z				

●**小文字**：先生の発音を聞かせて，児童が認識しづらいアルファベット文字にチェックをしましょう（聞き取りのチェック）。

□a	□b	□c	□d	□e	□f	□g	□h	□i	□j
□k	□l	□m	□n	□o	□p	□q	□r	□s	□t
□u	□v	□w	□x	□y	□z				

●**小文字**：児童が発音を間違えるアルファベット文字にチェックをしましょう（構音のチェック）。

□a	□b	□c	□d	□e	□f	□g	□h	□i	□j
□k	□l	□m	□n	□o	□p	□q	□r	□s	□t
□u	□v	□w	□x	□y	□z				

●**小文字**：形が紛らわしい小文字の組み合わせです。聞かせて，児童がその文字を指させるかどうかチェックしてみましょう。

b-d	i-l
p-q	n-r
m-n	f-t
h-n-u	a-u

　以下は，聴覚障害児特有の間違いのパターンです。アルファベットの後半の文字を覚えるまでに時間がかかるようです。さらに感音性難聴の児童は，周波数の高い摩擦音や破擦音が聞こえづらい，あるいは破裂音も別の音に置き換わって聞こえるなど，以下のような間違いが起こります。

> ・GとZを混同している。ZをGと発音してしまう。
> ・Cをsheと発音してしまう。
> ・[s] が発音されていない。
> ・tの頭音 [t] が発音されていない。
> ・fの語末音 [f] が発音されていない。

　毎回，アルファベット文字の名前読みの発音を練習して，慣れてきたら，以下のようなグループで文字カードを色分けしてみましょう。

> ① [ei] が含まれる：A H J K
> ②語末音が [i:]：B C D E G P T V Z
> ③頭音が [e] で始まる：F L M N S X
> ④ [ai] の発音が含まれる：I Y
> ⑤語末音が [ju:]：Q U W
> ⑥共通音がない：O R

　次ページの図2のようなアルファベット大文字のシートを用意しましょう。下の空欄には児童が持っている小文字カードを並べていくので，少し大きめにA3判で作成するといいでしょう。大文字の認識は比較的早くからできますが，小文字の認識にはしばらく時間がかかります。大文字と

小文字を一致させることは，さらに時間がかかるので，ランダムに並べた
2 例のようなバージョンも作成すると難度が上がります。児童はシートの
大文字の下に対応する小文字カードを乗せていきます。その後，先生は，
"Point to ＿＿＿" と発音して，該当する文字を指さすように指示します。
この時，先生の口元を必ずよく見るように傾聴姿勢を徹底しましょう。

　摩擦音など苦手な音があるとしても，文字の名前を聞いてすぐに文字を
指させるような段階まできたら，音素を発音して対応する文字を指さすこ
ともできるようになります。小文字カードだけでなく大文字カードも作っ
ておくと，虫食いパターンに不足している大文字カードを置かせることも
できます。音素認識がある程度できるようになった 4 年生では，［ʃ］の発
音に対応する sh や，［tʃ］に対応する ch のカードも用意してアルファベッ
トジングルに含めましょう。

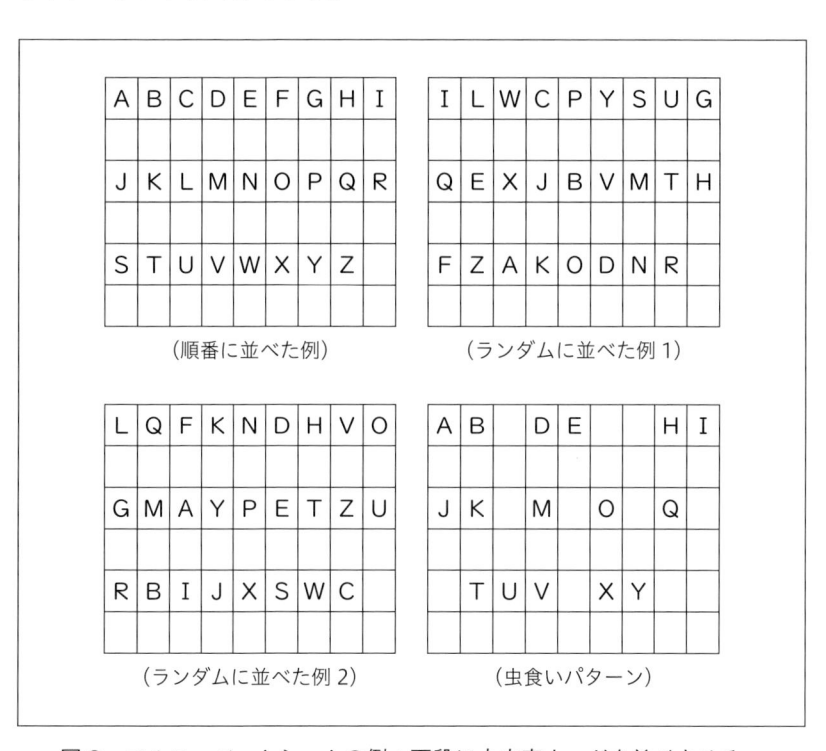

（順番に並べた例）　　　　　（ランダムに並べた例 1）

（ランダムに並べた例 2）　　　（虫食いパターン）

図 2．アルファベットシートの例：下段に小文字カードを並べさせる。

音素認識の指導

　以下の指導は，個別指導の帯活動として毎回取り入れましょう。特に，個別指導開始当初は，英語の語彙力がほとんどない状態なので，語彙のインプットと，音素認識を同時に指導していることになります。30 分の個別指導のうちの 15〜20 分は音声指導に充て，基本的な語彙の力を高めながら，その後に単元の語彙を指導していきましょう。

①アルファベットジングル

　中学年では，まず毎回の指導のルーティンとして，「アルファベットジングル」から始めてみましょう。次ページのような文字の【名前】⇒文字の【音】⇒頭音にその【音】を持つ単語の発音をアルファベット順にリズミカルに唱えていくことで，次第に【名前】と【音】の対応が早くなり，語彙の発音も上手になってきます。以下の単語を使って練習してみましょう。

　この活動に慣れてきたら，ジングルの後に頭の音を尋ねてみましょう。
先生：What's the beginning sound of dog？（dog の頭の音は？）
児童：/d/？
　文字の学習が進んできたら，対応する文字も尋ねてみましょう。
先生：Yes, excellent！What's the letter？（頭の文字は？）
児童：d？〔発音できているかどうかチェックしましょう〕
先生：That's right.

　ジングルでは単元の頻出語彙も活用しましょう。ただし，1〜2 音節程度の語にとどめ，児童が自信を持って発音できるように指導していきます。

【名前】	【音】	単語	【名前】	【音】	単語
a	/æ/	ant	o	/ɑ(ɔ)/	octopus
b	/b/	ball	p	/p/	pig
c	/k/	cat	q	/k/	quack
d	/d/	dog	r	/r/	rat
e	/e/	egg	s	/s/	sun
f	/f/	fish	t	/t/	top
g	/ɡ/	goat	u	/ʌ/	up
h	/h/	hat	v	/v/	van
i	/i/	ink	w	/w/	watch
j	/dʒ/	jam	x	/ks/	fo<u>x</u>
k	/k/	kite	y	/j/	yoyo
l	/l/	lion	z	/z/	zoo
m	/m/	milk	ch	/tʃ/	cheese
n	/n/	name	sh	/ʃ/	sheep

『きいて・みて・真似て覚える英語の音』(河合・高山，2021，p. 157 より改編)

②ミニマルペア

　基本的に綴りは見せずに，絵カードのイラストのみを見せて発音しながら真似させます。単語の頭音の違いに気付かせる活動ですから，頭音が違うと別の単語になるということも理解できるようになります。一度おこなって終わりではなく，何度も触れさせるスパイラルな指導を心掛けましょう。

　指導方法は，第 2 章 2.2 をご覧ください。

③仲間の音探し・仲間外れ探し

　指導方法は，第 2 章 2.1 をご覧ください。

これまでに紹介した基本的な音声指導に加えて，*Let's Try! 1* の単元を活用した音声指導活動を紹介します。対応する Unit 名を表記していますが，該当の単元だけでなく，他の単元でも応用することができます。

①国際理解と音声指導の統合的な指導（Unit 1/2）

最初の 2 つの単元では，社会的知識を高めながら，コミュニケーションや音声指導を行う統合的な指導ができます。世界の国々に関する知識を得たり，異文化を体験するという英語学習の目的のひとつを活動を通して楽しみながら認識できます。さらに，通常学級のコミュニケーション活動の予習にもなるため，積極的な態度で通常学級の授業に臨めることが期待できます。この段階では発音の正確性はまだ求めていません。この活動は,何回かに分けて時間をかけて実施してください。

【教材準備】

- 世界地図（普段から個別指導用教室に貼っておくとよいでしょう）
- 国旗カード（A6 判の絵カード）（America, Australia, Brazil, Canada, China, Finland, France, Germany, India, Ireland, Italy, Jamaica, Japan, Kenya, Korea, New Zealand, Russia, the Philippines, the U.K.）
- 形容詞のカード（angry, cold, fine, good, great, happy, hot, hungry, sad, sleepy, tired）
- 色や形のカード（ない場合は，国旗カードだけでもかまいません）
- ＊国旗カードは児童の知識によって，少ない数から始めてみましょう。

【指導の目的】

- ●国旗と国名の一致と音節認識
- ●色や形の認識
- ●擬似的国際交流

活動❶　世界の国をもっと知ろう！　音節クラッピング

　音節数が少なく，児童が国旗の柄を知っていそうな国から導入してみましょう。

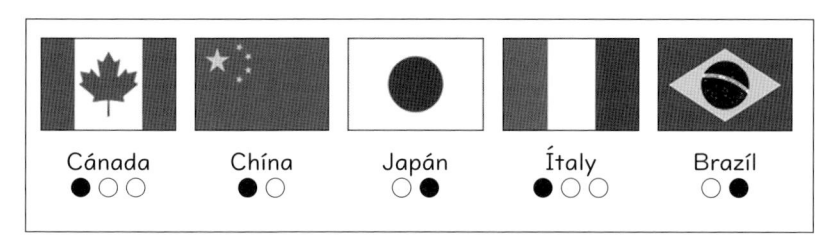

Cánada　China　Japán　Ítaly　Brazíl
● ○ ○　● ○　○ ●　● ○ ○　○ ●

図 3.　導入する国名例（●＝強音節，○＝弱音節）

　まず，上の図 3 の国旗を見せて知っているかどうか確認してください。カタカナで知っていれば問題ありません。3 年生の段階では，元々興味があって既にいろいろな国の情報を知っている児童もいれば，全く興味がなく，知らない児童もいます。後者の場合は，無理をせず，まず世界地図上で日本の位置を確認してから，先生が国の位置を示してあげてください。

　既に知識がある児童には，世界地図で位置を探すように指示してください。国旗付きの世界地図があると便利ですね。3 年生の段階ではどんな国があるのか，国旗にはどんな色や形が使われているのかといった視覚情報を示して興味を引くようにします。

　国名の発音練習として，音節認識の活動をおこないましょう。音節認識については，第 2 章の 2.4 を参照してください。

先生：（上記の 5 か国を発音し，児童に繰り返して言わせる）
　　　じゃあ，国の名前を聞いて，音のかたまりで手を叩いてみようね。
　　　先生が発音したら一緒に手を叩いてね。まず日本語で練習するよ。
　　　「にっぽん」っていくつかたまりがあるかな。
　　　（ゆっくり発音しながら，音節に合わせて一緒に手を叩く）
　　　にっ・ぽん（2 回叩く。もう 1 回ゆっくり発音する）
　　　（「にっぽん」と言いながら）先生のあごが 2 回動くのがわかるか

な？（よく見るように顔のあごの部分をしっかり指さして児童に見せながら発音する）

そう。やり方がわかったかな？　では，英語で国の名前を発音するから，一緒に手を叩いてみるよ。

（ゆっくり発音しながら，音節に合わせて児童と一緒に手を叩く）

Cá・na・da（3回手を叩く）

Chí・na（2回手を叩く）

Ja・pán（2回手を叩く）

Ít・a・ly（3回手を叩く）

Bra・zíl（2回手を叩く）

Very good. じゃあ，今度は1人でできるかな？　先生が発音するから，手を叩いてみてね。

　上記の5か国に慣れてきたら，少しずつ国旗カードを増やしてみましょう。学年が上がるにつれて，複数音節数が増えることで発音しづらい語彙が多くなります。国名，科目，職業，曜日・月の名前など，複数音節が多く頻出する単元の際に，この活動を個別指導に取り入れることをお薦めします。音節を認識し，手を叩きながら発音するので，自然と国名の発音に慣れていきます。

活動❷　国旗の色や形の認識

　色の語彙は *Let's Try! 1* の Unit 4，形の語彙は主に Unit 3 や Unit 7 で学習しますが，英語初習期の子どもが頻繁に遭遇する語彙ですので，この時期から導入して早すぎるということはありません。国旗はカラフルでいろいろな形が含まれており，視覚的にわかりやすい教材なので，どんどん活用しましょう。まず，色や形のカードを使ってインプットをおこないましょう。色や形のカードがない場合は，国旗カード中の色や形を指さして教えてください。必ず，傾聴姿勢を徹底し，発音の際に先生の口元をよく見るように指導してください。

色：black, blue, brown, green, orange, pink, purple, red, white, yellow

形：circle, diamond, heart, rectangle, square, star, triangle

　ひと通り教えたら，聞き取ってわかるかどうか，教室内で指定した色や形を指させるか尋ねてみましょう。いわゆる「色おに」遊びです。

先生：Touch something yellow.

　　　Touch something diamond.

　また，国旗のぬりえシートを使って，聞き取りの活動をおこなうのもいいでしょう。色や形を覚えてきた段階で，国旗カードを机の上に並べて，同じことを尋ね，次のようにやり取りを発展させてみましょう。

先生：（10 か国くらいの国旗カードを並べてから）

　　　Touch something red. You can point to all the red, and say "red."（目につく限りの「赤色」を指しながら "red" と発音するように指示。いろいろな色や形を指示して，認識しているか，発音できるかどうかを確認しましょう。ある程度おこなったら，指示を変えます）

　　　Now, take any flag you like. For example, I like Germany.

　　　（と言って，先生はドイツの国旗を手にし，児童に見せて質問を開始する）

　　　What color is this？（国旗の色を指しながら）

児童：Red.

先生：OK. How about this one？

児童：Black.

　このように，国旗を用いて色を言えるかどうか確認しましょう。この時多少，発音を間違えてもかまいません。そして，形も尋ねてみましょう。

先生：What shape is this？（それぞれの色の形を指さしながら）

児童：あーなんだっけ，長方形って…。

先生：Yes, that's right. Rec … rec …（頭の音を発音してあげる）

児童：Rectangle.（たどたどしくても発音しようとしていればOKとする）

先生：Great. Excellent. Now your turn. Take any flag you like.

（と言って，好きな国旗カードを取らせ，色や形を言うように促す）

活動❸　なんちゃって国際交流──3年生編

国旗カードを使って架空の自己紹介をしてみましょう。

先生：Take any flag you like. For example, I take this. Now I'm from this country. Hello. My name is ○○. I'm from India. Nice to meet you. You can do it too.

（と言って，児童にも好きな国旗カードを取ってもらう）

児童：Hello.（この後の自己紹介はなかなか言えないので，先生に手伝ってもらいながら，何を言うのかを理解させる）

先生：OK. Nice to meet you.

（と言って，国旗カードを交換する。交換したら英語でじゃんけん）

Let's do janken. "Rock, scissors, paper, 1, 2, 3."

（勝った方が負けた方の国旗カードをもらえる。何回か続けていくうちに，自己紹介の活動に慣れてくる。この活動は，できれば支援員なども加えて複数人数でおこなうと児童がやり取りをする機会が増え，早く上達する）

2 How many?──語末の /s//z/ 音があるかないかの判別（Unit 3）

いろいろなものを数えて，複数形の概念を認識し，やり取りができるようになる単元です。語末音の /s/ や /z/ の摩擦音が聞き取りづらいため，聴児よりも時間をかけて指導しましょう。

【教材準備】──────────────

・頻出語彙の絵カードや文房具や教室内の備品等で2つ以上の複数用意できるもの。絵カードにも複数印刷されているものがあるとよい。

・算数セットのおはじきやビー玉など

【指導の目的】

- ●ものの数え方のやり取り
- ●複数形（s）語末音の聞き取りや発音（3年生では，語末に /s//z/ 音が あるかないかの区別ができればよしとしましょう）
- ●数字の聞き取りや発音

【指導方法】

　まず，頻出語彙の複数形語末音の発音を確認しましょう。頻出語彙を使って，下の表1にまとめてみました。複数形は文字としては，-s や -es を添えて書きますが，発音は以下のように大きく3種類に分かれます。複数形の語末音が有声であれば［z］，無声であれば［s］，語末音が［s］や破擦音の場合は［ɪz］となります。中学年であれば，これらの聞き分けはまだ難しいので，あくまでも単語の語末に複数を意味する音があるかないかの判断ができればよしとしますが，先生は，［z］［s］［ɪz］を意識してクリアに発音するようにしてください。

　I like 〜s のように好きなものを言えるようにするために，複数を意味する語末音を意識づけていきます。1〜20の数字の発音も同時に練習していきましょう。表2に挙げたように，数字の発音には聞き取りづらい摩擦音や半母音が語頭だけでなく，語末音や音節中にも含まれていますので，時間をかけて指導する必要があります。

表1. 複数形の語末音の発音

複数形語末音の発音	語彙
［z］	apple, ball, banana, baseball, circle, crayon, cucumber, diamond, egg, eraser, French fries, green pepper, hamburger, lemon, melon, noodle, onion, pencil, pineapple, potato, pumpkin, rectangle, rice ball, ruler, soccer ball, square, star, strawberry, tomato, triangle, watermelon
［s］	cap, cup, grape, stroke
［ɪz］	cross, orange, peach

表 2. 数字発音に含まれる摩擦音や半母音

[f]	four, five, fourteen, fifteen
[v]	five, eleven, twelve, seventeen
[s]	six, seven, sixteen, seventeen
[θ]	three, thirteen
[w]	two, twelve, twenty

活動❶ ものの数え方のやり取り

先生：（机の上でビー玉や色鉛筆など，特定のものを見せながら）
　　　How many pencils？

児童：Three.

先生：Yes, three pencils（語末音は少し大げさに聞こえるようにはっきり発
　　　音してあげてください）. How many marbles？

児童：（数えてから）Ten.

先生：Good. Ten marbles. How many apples？（など，いろいろなもの
　　　の数を聞いていく。ある程度，数字をはっきりと言えるようであれば，
　　　児童から先生に尋ねさせる）

児童：How many ball？（語末音の s が付いていないことを想定）

先生：How many ball？（児童の間違いを繰り返してから，言い直す）
　　　How many balls？ OK？ balls, balls（語末音を強調して繰り返す）
　　　（また，1 つだけ指さして）one ball,（2 つ以上指さしながら，two
　　　balls, three balls）終わりの音が聞こえるかな？（聞こえることを確
　　　認してから）Let's try once again.

児童：How many balls？（語末音の摩擦音を一緒に発音する）

先生：Let's see. That's so many. Let's count together.

先生・児童：One, two, three … eight. Eight balls.

児童：OK.
　　　（やり取りを続けながら，数字と単語の複数形で答えるように促す）

> **活動❷** 単数形？複数形？ —— 語末音の聞き取り

　次に数字は言わずに，単数形を発音しているのか，複数形を発音しているのを区別する活動をおこないます。下の絵カードのように同じ物が1つだけ描かれたカードと複数描かれたカードを用意します。実物（例．消しゴム1個と消しゴム2個のまとまり）を使ってもかまいません。

先生：Look at these cards. Which card am I saying？ どっちのカードを発音しているのか，先生の発音をよく見て発音されたカードを取ってね。Ready？

　　　balls, balls（単語はゆっくり，語末音ははっきり発音しましょう）

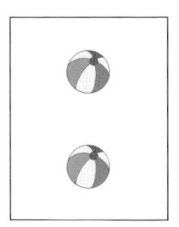

児童：（複数描かれたカードの方を取る）

先生：Good! Next.

　　　（と言って，問題を続ける）

③ 摩擦音を強化する活動（Unit 4）

　Let's Try! 1 Unit 3 の活動で単語の語末音によって，単数なのか複数なのかという認識力が高まっていると先生が感じるタイミングで，聴覚障害児にとって聞き取りづらい摩擦音に触れる活動を導入してみましょう。この時期には個別指導のルーティン活動を通じて，アルファベット文字の名前読みの指導も進んでいる頃かと思います。また，単元の指導においても，好きなものを言えたり，相手に好きなものを尋ねたりするようなコミュニケーション活動が活発になる時期ですので，複数形の発音を活用し，聴覚障害児が苦手とする摩擦音 /s//z/ にどんどん触れるような活動を導入しましょう。

- ・活動②で使用した語彙の絵カード，/s/ や /z/ で始まる単語の絵カード
- ・アルファベット文字の S と Z （大文字カードでよい）
- ・頻出語彙の絵カードなど

【指導の目的】

- ●摩擦音 /s//z/ の判別力の強化
- ●単語の前の不定冠詞 a の聞き取り，単数か複数の判断力をつける

【指導方法】

活動❶ 仲間外れはどれかな？ —— 頭音の /s//z/ の聞き取り

　聞き取りを目的とした活動のため，この時点ではまだ発音できなくても問題ありません

先生：（まず，2 つのアルファベット文字をそれぞれ見せて，文字の名前を確認）
　　　What's this letter?

児童：S

先生：How about this one?

児童：Z

先生：Good.
　　　（S のカードを見せて【音】を真似させる。できなくてもかまわない）
　　　［s］［s］
　　　（Z のカードを見せて【音】を真似させる）［z］［z］
　　　（次に頭音が［s］［z］の単語を発音，真似させる。毎回，頭音を発音してから，単語を発音するように心掛ける。［s］［z］は，聴覚障害児にとって聞き取りづらい音素なので，単語はなるべく，1〜2 音節の単純な単語を使用する）
　　　Repeat after me. ［s］［s］ sun, ［s］［s］ sad, ［s］［s］ star.
　　　［z］［z］ zoo, ［z］［z］ zebra, ［z］［z］ zero. Good.
　　　（次に，仲間外れさがしの活動をして，/s//z/ の判別ができるかどうか

を確認する）

仲間外れはどれかな？　sun—star—zoo（発音しながらカードを並べていく。この際も，語頭の音素を 2 回発音してから単語を発音する）

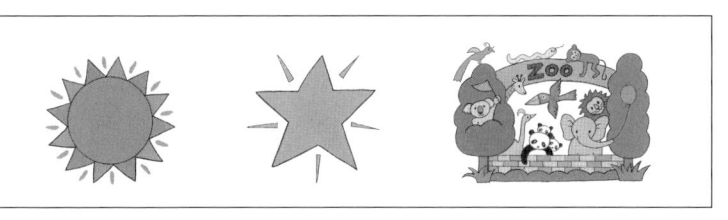

児童：（指さしながら）Zoo（発音はできないかもしれないが，よしとする）

先生：Great.（他の組み合わせでもやってみる）

活動❷　終わりの音を仕分けてみよう

　アルファベット文字 S と Z のカードを児童の前に置き，複数形で発音しながら文字の前に置いていきます。まず，先生が発音しながら置いてみて，やり方がわかるようになったら，児童にカードを置いてもらいます。語末音の /s//z/ が聞き取れているかを確認する活動です。表 1（p. 131）の単語の絵カードを使いましょう。

先生：（アルファベット文字の S と Z のカードを児童の前に置いてから）

　　　単語の終わりの音をよく聞いてね。/s/ に聞こえたら，絵カードを S のカードの下に，/z/ に聞こえたら，Z のカードの下に置いてね。まず，先生と一緒にやろうね。

　　　Listen carefully.（複数形カードを使ってわかりやすいものから）

　　　balls, balls（語末音をゆっくりわかりやすく発音する）This goes to Z /z/ card.

　　　Next. grapes, grapes（同様に）This goes to S /s/ card.

　　　（やり方が理解できたようであったら）

　　　Now you move a card. To Z or to S. OK？

児童：OK.

先生：（語末音をゆっくり強めて発音するように心掛ける。全部一通り置いたら，
　　　2 つの発音の違いを認識できるように，仲間同士で発音し，真似させる）

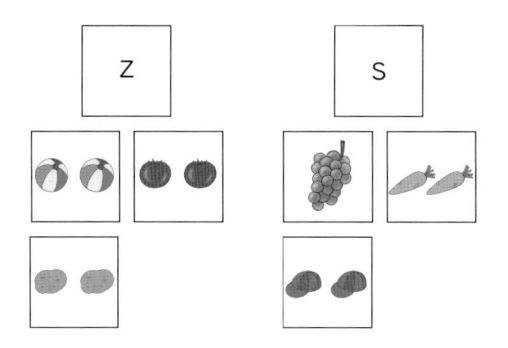

　この活動は，一度おこなって終わりにするのではなく，何度も繰り返すことで聞き取りづらい /s/ と /z/ の認識力を次第に高めていきます。判別能力の向上によって，聴覚障害児が構音方法にも気付くことを狙いとしています。高学年になってから急に構音するのは難しいので，まず聞いて「判別できる」ように，段階的でスパイラルな指導をおこなっていきましょう。また，通常学級の騒音の中では，個別指導時よりも大変聞き取りづらい状態にあるので，語末音の違いに気を付けるように支援しましょう。

④形を聞き取ってクリスマスツリーを作ろう

　色や形を聞き取りながら，異文化理解も促進することができる，個別指導ならではの工作を伴う活動です。先生がある程度教材の準備をしておきますが，余裕があれば，児童自身に準備から参加してもらうと，より達成感も高まるでしょう。

【教材準備】

　表現を学んだ形（circle, diamond, heart, rectangle, square, star, triangle）をした飾りを色紙で 5 つ程度切ってもらう（あるいは各形に色を塗らせてもよい）。右ページのように八つ切り画用紙（白）にクリスマスツリー（緑）の土台のみ貼っておく。先生用のものも用意する。

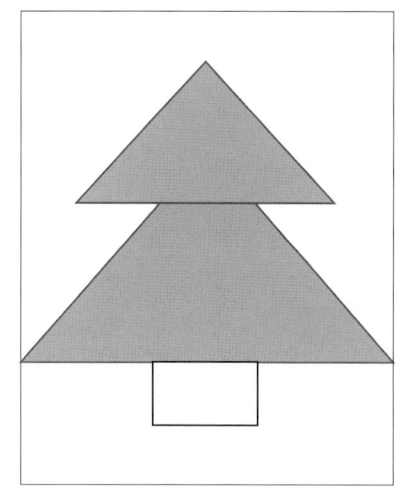

【指導方法】

　　先生と児童がお互いに質問をし合って，どの形や色がいくつほしいか
やり取りしながら，切っておいた飾りをツリーに貼っていく。

児童：How many star＿？（語末音の s が抜けたら，その都度言い直す）

先生：I want three stars, two yellow stars, and one blue star.

児童：OK.（聞いた数の星の飾りをクリスマスツリーの土台に貼っていく）

先生：How many hearts？

児童：I want two hearts.（語末音の s が言えていたらほめる）

先生：What color of hearts？

児童：I want one pink heart and one red heart.

先生：All right. You want a pink heart and a red heart.（先生も土台
　　　に貼っていく。1 枚の土台を共有して貼るか，それぞれの土台で貼って，
　　　出来上がったらお互いにプレゼントとして交換してもよい）

⑤ なぞなぞ大会

　　3 年生の後半は，英語の語彙力が伸び始めている段階なので，動物や食
べ物の語彙を使ってクイズ大会をし，語彙を発音できるかどうか，また語
彙の頭音や語末音がわかるかどうか観察しましょう。

【教材準備】
　・Unit 8 の頻出語彙の絵カード（教科書 pp. 32〜33）

【指導の目的】
　●音節認識
　●語頭の音素の違いが判別できる。

活動❶　正しく発音しているかな？

　頭音や真ん中の母音を別の母音に変換するなどして，わざと間違えた発音で尋ねてみます。

先生：先生は正しく発音しているかな？　Look at my mouth very carefully. OK?

児童：OK.

先生：(*Let's Try! 1*，p. 32 左上のにんじんのシルエットイラストを指して)
　　　Is this a marrot?

児童：No.

先生：What's this?

児童：It's a carrot.

先生：That's right. Good. Next.
　　　(p. 33 下の猫を指さして) Is this a ket?

児童：No. It's a cat.

活動❷　動物なぞなぞ "Who am I?"

　教材に頻出する動物に関するクイズを，単元の表現を参考に出題してみましょう。先生自身が動物になったつもりで，1 人称で出題します（表 3 参照）。本単元は，十二支に登場する動物を扱っています。児童は答えがわかったら，"Are you a 〜?" と，先生に尋ねます。通常学級でのやり取りの練習にもなります。なぞなぞには多少習っていない語彙も含まれて

いますが，ジェスチャーや声音を変えて表現豊かに出題してください。また語彙に慣れていない場合は，単語を一度全て発音し，机に絵カードを全て並べてからなぞなぞを始めるとよいでしょう。英語の動物の鳴き声は，日本語とかなり違うので，ジェスチャーを交えて，大きい動物の場合はお腹から太い声を，小さい動物は声のピッチを高くして，声音を使い分けてみてください。正解したら，必ず発音して，繰り返すように指示します。

表 3．英語なぞなぞ例

動物	ヒント
mouse	I am very small. I don't like cats. I like cheese. I say "squeak, squeak." Who am I?
cow	I am big. I am slow. I am black and white. I say "moo, moo." Who am I?
tiger	I am scary. I can run fast. I am black and yellow. I say "roar, roar." Who am I?
rabbit	I am cute. I can hop. I like carrots. I have long ears. Who am I?
dragon	I am very big. I can fly. I am a monster. I look like a big lizard（トカゲ）. Who am I?
snake	I am scary. I am long. I say "hiss, hiss, hiss." Who am I?
horse	I can run fast. I can gallop. I like carrots. I say "neigh." Who am I?
sheep	I am furry. I am in the farm. I say "baa, baa." Who am I?
monkey	I am noisy. I can climb trees. I like bananas. I say "ooh-ooh, ah-ah." Who am I?
chicken (rooster)	I am a bird. I wake up early in the morning. I say "cock-a-doodle-doo." Who am I?
dog	I can run. I can be a pet. I say "bow wow." Who am I?
wild boar	I am in the mountain. I look like a pig. I say "oink, oink." Who am I?

1.4 4年生の個別指導活動のアイディア

Let's Try! 2 の単元を活用した音声指導活動を紹介します。対応する Unit 名を表示していますが，該当の単元だけでなく，他の単元でも応用することができます。

①国際理解・コミュニケーション・音声の統合的指導（Unit 1）

3年生のアクティビティでも紹介しましたが，1年経つと児童の知識も増え，外国に興味・関心が高まっていると思われますので，音声指導をおこないながら地理的な知識を高めることにも心掛けましょう。学年が上がってくると，外国語の学習においても地理的な知識や他教科の知識と連携した学習がおこなわれるため，4年生のうちから異文化に対する児童の興味・関心を高めることも個別指導の大きな役割だと考えます。4年生の活動は，高学年でより高度な知識を求められる外国語科の異文化理解に向けて，基礎知識を強化する機会となります。今回取り組むワークシートは，高学年でも活用できるようにファイリングしておくとよいでしょう。

【教材準備】
 ・世界地図（普段から個別指導用教室に貼っておくとよい）
 ・世界白地図（次ページ参照）
 ・国旗カード（America, Australia, Brazil, Canada, China, Finland, France, Germany, India, Ireland, Italy, Jamaica, Japan, Kenya, Korea, New Zealand, Russia, the Philippines, the U.K.）
 ・絵カード（A6 判）

【活動のバリエーション】
 ●世界の国を知る：異文化理解
 ●国名を使って音節認識
 ●なんちゃって国際交流 4年生編

活動❶ 世界の国をもっと知ろう！

　国名を発音しながら，世界地図で位置を確認するワークシートに取り組んでみましょう。

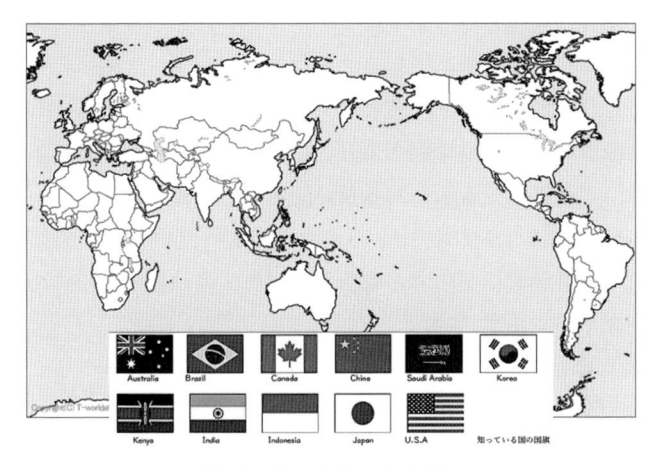

図4. ワークシートの例

　国名を発音し，教室内の世界地図を見て位置を確認させます。そして，図4の国旗と地図を線で結んでみるように指示してください。上記のワークシートは，*Let's Try! 2*, Unit 1, pp. 2〜3 の国旗記載の国旗を取り上げています。少しずつ国を追加していくとよいと思います。国名が日本語と英語では発音が違うという気付きを促したり，児童がその国について知っていることはないか尋ねたりしてみましょう。オリンピックなどのスポーツイベントで触れた国名や，外国生まれの食べ物など，子どものレベルで知っている知識を英語の国名や国旗に結びつけられるとよいですね。世界にはたくさんの国があるということを実感してもらうことが大切ですので，児童の様子によって取り上げる国の数は調整してください。国に対する理解が進むことで，児童の世界がより広がることでしょう。

　3 年生の活動で紹介した国名クラッピングを，あらためてやってみましょう。今回は表 4 のように国の数を増やし，世界地図を用意して，児童の地理的知識が強化されるようにワークシートにも取り組んでみましょう。この段階では，正確に発音できる必要はありません。先生が発音するのに合わせて，リズムよく音節に合わせてクラッピングできればよしとします。クラッピングできたら，地図上でどこにあるのか尋ねてみましょう。国によっては，4 音節や 5 音節もある長い国名がありますね。

　音節認識の方法は，本章 1.3，3 年生の活動①活動①をご参照ください。この活動は，教科書に頻出する曜日・文房具・食べ物・学校内の施設等の語彙でも応用できます。

表 4. 国名クラッピング（河合・高山，2021 より改編）

国名	音節数（クラップの数）	国名	音節数（クラップの数）
América	👏 👏 👏 👏	Ítaly	👏 👏 👏
Austrália	👏 👏 👏	Jamáica	👏 👏 👏
Cánada	👏 👏 👏	Japán	👏 👏
China	👏 👏	Kénya	👏 👏
Égypt	👏 👏	Koréa	👏 👏 👏
Fínland	👏 👏	Nèw Zeáland	👏 👏 👏
France	👏	Phílippines	👏 👏 👏
Gérmany	👏 👏 👏	Rússia	👏 👏
Índia	👏 👏 👏	Sàudi Arábia	👏 👏 👏 👏 👏 👏
Indonésia	👏 👏 👏 👏		

活動❸　なんちゃって国際交流──4年生編

　4年生では国旗を使ってその国の人になったつもりで自己紹介をしたり，3年生で学習した What 〜 do you like？も使って，相手に好きなものを尋ねたりするようなやり取りに挑戦してみましょう。この活動では，可能なら支援員にも参加してもらい，なるべく人数を増やして通常学級でのコミュニケーション活動の練習をしてみましょう。参加者は全員が好きな国旗カードを持ちます。その際，国旗カードを首からぶら下げましょう。交流の機会なので，あいさつの後にしっかり握手をすることも異文化理解の学習において大切なことです。

　あいさつの I'm from 〜は学習外の表現のため，正確に言えなくてもかまいません。児童がその国の人になったつもりで表現に挑戦させてみましょう。質問は好きな動物・色・食べ物など，バリエーション豊かにしましょう。

先生：Hello. I'm ○○. I'm from China.

児童：Hello. I'm ○○. I'm from Brazil.

先生：What sport do you like？

児童：I like soccer.

先生：Oh, you like soccer. I like soccer, too.
　　　（先生にも質問するように促す）

児童：What sport do you like？

先生：I like basketball. Nice to meet you.

児童：Nice to meet you, too.
　　　（ここで握手。感染症に配慮する場合はひじタッチ）
　　　（ここでじゃんけんをし，勝者が負けた者から国旗カードをもらう。負けた者は新たな国旗カードを持つ。この後，お互いに別の参加者とあいさつして，やり取りをくり返す。人数が少ない場合は，国旗カードを取り換えたり，質問を変える）

＊質問のバリエーション

What animal do you like？ / What food do you like？ /
What color do you like？

②教科書から発展した活動

活動❶　絵本を使った活動

　Let's Try! 2 Unit 3 に食べ物のイラストがあります。Monday は
mushroom，Wednesday は watermelon のように（次ページ表5の食べ
物），曜日と食べ物の頭音が同じになっています。音素認識のうち，「仲間
の音」がわかる活動が本単元には含まれています。これは Eric Carle の
Today Is Monday という絵本からアイディアを得ていますので，この機
会に元の絵本の読み聞かせをして，単元学習を発展させ，統合的な指導を
おこないましょう。

【教材準備】

- ・頻出語彙の絵カード
- ・目標音素を持つ絵カード
- ・絵本 *Today Is Monday*（『今日は月曜日』）
  (1997). Eric Carle（著，イラスト）.
  World of Eric Carle；Reprint 版.
  ISBN-13：978-0698115637.

Today Is Monday 表紙

【指導の目的】

- ●仲間の音素の認識
- ●コンテキストを通じた音声指導

　Eric Carle の *Today Is Monday* では，月曜日・火曜日・水曜日・土曜
日・日曜日の頭音と食べ物は，同じではありません。この絵本は，この後
に紹介する重ね歌（この後の活動④を参照）に Eric Carle がイラストを付
けたものです。そこで，本書では，聞こえづらい児童向けに曜日の頭音と

同じ食べ物の語彙を集めてみました。曜日の頭音と食べ物の単語の頭音を合わせ，音素認識の向上を狙うと同時に，音節を認識したり，お話を聞いたり，歌を歌って楽しみながら統合的に英語音声に対する意識を高める活動に取り組みましょう。

　まず，表5内の曜日の語彙を確認してください。聞き取りづらい児童にわかりやすいように，同じ頭音を使って「仲間の音」を意識できるように改編しました。

　例えば，火曜日には tuna, tube のように，頭音の /tjuː/ が共通する単語にしてあります。木曜日は，thin banana と thin beef，土曜日と日曜日は，単語の真ん中の母音の判別が難しいので，まずは頭音の /s/ を聞いてわかることを目指します。意味がわかる単語であれば，未習単語であっても，積極的に活用するようにしましょう。

表5. *Today Is Monday* の指導に使える単語

曜日	*Let's Try! 2* 掲載のイラスト	絵本での表現	本書バージョン
Monday（2） [mʌndeɪ]	mushroom	string beans	mushroom, mango, macaroni
Tuesday（2） [tjuːzdeɪ]	soup	spaghetti	tuna, tube（歯磨き粉）
Wednesday（2） [wenzdeɪ]	watermelon	Zoooop (soup)	watermelon, water, white chocolate
Thursday（2） [θəːrzdeɪ]	circle pie	roast beef	thin banana, thin beef
Friday（2） [fraɪdeɪ]	fresh fish	fresh fish	fresh fish, fried chicken, French fries
Saturday（3） [sætərdeɪ]	sandwich	chicken	salad, sandwich, salmon, soba, soup, spaghetti, steak, strawberry
Sunday（2） [sʌndeɪ]	salad	ice cream	

＊（　）内は音節数

活動❷ 音節認識（音節クラッピング）

　曜日の単語は，聞き取りが難しい /θ/ を持つ Thursday や，/tj/Tuesday，/w/Wednesday の場合，発音も難しいので，まずはクラッピングをしながら音節を認識させましょう。前ページの表5の食べ物の語彙も用いてやってみましょう。

活動❸ 仲間の音

　ジングルのように頭音を2回発音してから単語を発音し，「仲間の音」がわかるか観察しましょう。今回は先生がわざと間違って発音して，間違いに気付けるかというようなテクニックを使ってみましょう。

先生：(机の上に曜日のカードを置いて発音を確認。全部置いたら，カードを指さしながら，口元に着目させ，頭音だけ /m//m/，/tj//tj/，/w//w/，/θ//θ/，/f//f/，/s//s/ と発音する。Thursday［θ］は，口元をしっかり見せる。次に，同じ頭音を持つ単語を発音して，児童に同じ頭音を持つ曜日の上にカードを置いてもらう)

　　　発音した単語の頭の音はどの曜日の頭の音と同じかな？　Listen carefully, watermelon, watermelon.（発音したら，児童にカードを渡す）同じ音がないこともあるよ。

児童：(水曜日のカードの上に置く)

先生：Good! Next.（と言って，次のカードを発音して児童に渡し，児童は該当する曜日の上にカードを置いていく。時々，該当しないカードを発音して渡す）これはどうかな？　shark, shark

児童：え，これないです。（この場合は，間違いに気付いたので正解○）

　　　え，これかな。（と言って，土日の上に置いてしまうと間違い×）

先生：(○なら) Good.

　　　(×なら) Really? One more time. Listen. /ʃ//ʃ/shark, shark.（これでまだ難しいようであれば，/s/ と /ʃ/ のカードを何枚かずつ発音

して認識させる。/ʃ/ の単語例としては，shark, shoes, shrimp, sug-ar, sheep, ship などがある）

活動❹　絵本の読み聞かせ

　活動①の Eric Carle の *Today Is Monday* の読み聞かせをしましょう。英語は曜日と食べ物だけですので，児童を巻き込みながらお話を進めましょう。食べ物の単語は児童に言わせる，前の曜日に戻って単語を重ねていく，描かれている動物を尋ねるなど，児童から答えを引き出すように読み進めましょう。例えば，子どもたちが食事をしている最後のページでは，"This boy is eating ...?" で止めて，児童に食べ物を言ってもらう，この動物は何曜日に登場したか尋ねるなど，自由に質問しながら進めてみましょう。

　最終ページには，車いすに座っている子ども，様々な人種の子どもなど多様性が自然に描かれています。児童にもどんな子どもがいるか尋ねてみてください。

活動❺　重ね歌に挑戦

　重ね歌とは，漢字の通り歌を積み重ねていくことで，歌の終わりになるほど，どんどんと歌詞が長くなっていきます。英語のわらべ歌（ナーサリーライム）には，*Old MacDonald Had a Farm* や *This is the house that Jack built*，*The Twelve days of Christmas* など重ね歌がたくさんあります。

　上述の *Today Is Monday* の絵本は月曜日から日曜日まで，おなかのすいた子どもたちのために食材や料理が提供されていく，アメリカの子どもに親しまれているお話です。曜日の頭音と食べ物の韻を踏んでいるのは，金曜日だけですが，Sunday ice cream は，アメリカ発祥のデザートの sundae を想像させてくれます。次のような YouTube の動画もありますので，児童と一緒に歌って楽しみましょう。曜日をさかのぼって月曜日ま

での全ての曜日と食べ物を繰り返していくので，何度も単語を口ずさんで記憶にも残りやすいですね。絵本の最後のページには楽譜も掲載されています。2 つのコードだけの単純な進行になりますので，児童がはっきり発音できるようにゆっくりと弾いて一緒に歌うのもよいでしょう。

YouTube　https://www.youtube.com/watch?v=KYTW-r1U2k0
　　　　　https://www.youtube.com/watch?v=wAEGLSS7e4c

③終わりの音 s はある？ない？（Unit 5）

　この単元では I have 〜，I don't have 〜を学習し，1 つのものなのか複数のものなのかを表現することが目標になりますので，持ち物（文房具・身の回りのもの）の前に単数を意味する a が付いているかどうかと，複数を表す場合は単語の最後に聴覚障害児の苦手な摩擦音［s］［z］が付いているのかを確認しましょう。ここでは，表 6 を使って頻出語彙に入っていない摩擦音［ʃ］も強化していきます。

　やり方は，本章 1.3 ② で紹介した 3 年生の活動を応用してみましょう。既習の How many 〜？の表現も積極的に使いましょう。

表 6．摩擦音を含む単語

/s/	頭音：glue sticks, staplers, scissors 語末音：glue sticks, magnets, notebooks, clocks, desks それ以外の位置：eraser, pencil, pencil case
/z/	語末音：calendars, erasers, markers, pens, pencils, pencil cases, pencil sharpeners, rulers, staplers, chairs, scissors, shoes
/ʃ/	頭音：shark, sheep, ship, shoe

【教材の準備】──────────────────────────

・Unit 5 の頻出語彙の絵カード

・3 年生の 1.3 ② 活動②で使用した単数と複数のカード

・［ʃ］の絵カード（shark, sheep, ship, shoe）

・文房具など複数ある身の回りのもの

・アルファベット小文字 s, z, sh のカード

【指導の目的】

- ●語末の摩擦音の聞き取り能力の強化
- ●摩擦音 /s//z//ʃ/ の判別能力の強化

【指導方法】

　まず，先生自身が上の表で摩擦音（s，z，sh）の発音を確認しましょう。特に，単語の中のどの位置にあるかを確認してください。

活動❶　ものの数え方のやり取り

　頻出単語の発音が一通り終わったら，頻出語彙を使ってものの数え方についてやり取りをしてみましょう。絵カードを使わなくても，身の回りにある文房具を使っても問題ありません。

先生：（教室内を見渡して，最初は数を指定します）○○さん，I want two pencils. Can you give me two pencils？（語末音をはっきり発音する）

児童：（自分のペンケースから鉛筆 2 本を取り出す）Here you are.

先生：Thank you. Good. じゃあ同じことをやってみましょう。先生にお願いしてくれますか？　教室の中にあるものでお願いします。

児童：OK. I want three marker_.（恐らく語末音 s が脱落する）

先生：Three marker ...（児童の反応を見ながら，語末の s を引き出す）

児童：あ，そっか。Three markers.

先生：Three markers. Great！ You can say that.

　　　（ここで発音を確認）markers 単語の終わりの音が聞こえたかな？

児童：うん。

先生：OK. じゃあもう 1 回聞いて。どっちの音かな？（と，言って小文字の s と z のカードを見せてから再度発音する）markers [z], markers [z]（やや，語末音を強調してゆっくり発音）

児童：こっちかな。（と言って z の小文字を指せれば○。間違っていたら，語末音の発音をもう一度おこなう）

複数形語末音 /s//z/ の仕分け

次に，絵カードを使って語末音の発音を仕分ける活動をおこないましょう。単数形と複数形の絵カードがそれぞれ用意できればいいですが，準備できない場合は，単数形の絵カードだけでも大丈夫です。

先生：（小文字の s と z のカードを机に置く）終わりの音はどっちかな。先生が発音したら /s/（s のカードを指さしながら）か，/z/（z のカードを指さしながら）かで仕分けしてください。

児童：はい。

先生：Ready？

　　　（ランダムに絵カードを見せながら複数形を発音していく。児童は渡されたカードを s の文字か z の文字の上に置いていく。必ず口元を見せて，真似させながら発音する）

活動❸ /s//z//ʃ/ の仕分け

（活動 2 と活動 3 は順序をかえておこなってもかまいません）

活動 2 と同じ要領でおこなってください。s・z・sh の文字カードを机の上に置きます。今度は単語に該当音素があるかを認識させる活動です。

先生：今度はこの 3 つの音の区別ができるかな。まずは頭の音でやってみようね。よく聞いてね。

児童：OK.

先生：stapler, stapler（ゆっくり，[s] 音部分を強調して）

　　　（よく聞こえていないようなら，頭音を 2 回発音して単語を発音）

　　　[s][s] stapler, [s][s] stapler.

児童：こっちかな（s の文字の上に stapler の絵カードを乗せる）。

先生：That's right. Very good. じゃあ今度は単語の途中に出てくるよ。よく聞いてね。

先生：（カードを見せながら）pencil, pencil（ゆっくり [s] 音を強調して）

児童：(語末音と勘違いして z の上に置くかもしれない。また，s の上に置けて
　　　も，児童自身の発音は脱落しているかもしれないので，繰り返し発音を
　　　真似させる)

④仲間の音・仲間外れの音（Unit 7）

　3 年生の語彙にさらに新出語彙が追加されて，4 年生では食べ物の語彙
が豊富になります。食べ物の語彙を使って，"What do you want？"–"I
want 〜"の目標表現を他者とのコミュニケーション活動で用いるだけで
なく，音遊びとしても触れることで，音素認識の向上を図ることができま
す。

【指導の目的】

　●破裂音の認識

【教材準備】

・頭音に /p-b/, /t-d/, /k-g/ などの破裂音を持つ食べ物の絵カード
・食べ物の単語を頭音で分類した下記の表 7 を参考にしてください。
　既習ではない食べ物の語彙も追加しましょう。

表 7．破裂音が含まれる単語のリスト

音素	食べ物の語彙
/p/	pancakes, parfait, peanut, pear, peach, pie, pineapple, pizza, popcorn, pork, potato, pudding, pumpkin
/b/	bacon, banana, bean, beef, bread, broccoli
/t/	tomato, tea
/d/	donut
/k/	kiwi fruit, cabbage, candy, coffee, corn, curry and rice, cucumber
/g/	grapes, green pepper, green tea

【指導方法】

　まず，表 7 の 6 つの破裂音が認識できているかを確認する活動をやっ
てみましょう。児童には，「仲間の音」を当ててもらいます。

　ここでは，破裂音の /p/ に焦点を当てて，共通している音を把握できているか確認します。

先生：I'm so hungry.（/p/ で始まる絵カードを全て持つ）

　　　何の音で始まるかな？

　　　I want some pancakes, a parfait, a peanut, a pear, a peach, a pie, a pineapple, a pizza, a popcorn, a pork, a potato（どんどん発音する。この際，コミュニケーションとしても成り立つように目標文の中に単語を当てはめていく）先生の食べたい物は何の音で始まってる？

児童：p？

先生：そう。それは文字の名前ね。音は？

児童：[p]

先生：That's right. Excellent! Now what do you want？

　　　（/p/ のカードを全部見せながら尋ねる）

児童：I want a pineapple.

先生：Oh, you want a pineapple？

児童：Yes.

先生：OK. Here you are.

児童：Thank you.

先生：Good. Let's pronounce all [p] food.

　　　（[p] 単語を全て発音し，繰り返させる）

　このようなやり取りを事前におこなうと，通常学級でのコミュニケーション活動も自信を持って取り組めるでしょう。児童が活動のやり方に慣れたら，他の音素でも共通する音素がわかるかどうかたずねます。

活動❷　仲間外れがわかるかな？

　1つだけ異なる音を当てさせる活動です。例として，/k/ で始まる語群に1つだけ /g/ が入っていることがわかるかどうかやってみましょう。

先生：じゃあ今度は「仲間外れの音」がわかるかな？　単語の最初の音で
　　　1つだけ違うものがあるから当ててね（絵カードを見せながら発音）。
　　　I want a cabbage, a corn, a green pepper, a kiwi fruit, and a
　　　candy.
　　　（わからないようだったら頭の音を再度発音してみる）
　　　[k], [k], cabbage, [k], [k], corn, [g], [g] green pepper, [k],
　　　[k], kiwi fruit, [k], [k], candy（2回くりかえす）
児童：green pepper？
先生：That's right. green pepper だけ何の音？
児童：[g] [g]
先生：Excellent. [g] の文字は？
　　　（ここでアルファベット文字の名前の発音を確認）
児童：（発音が g-z で不安定）
先生：（アルファベット文字 g と z を見せながら，[dʒ] と [z] の違いを確認
　　　する）

　このように，苦手な発音は方法を変えて何度も触れることが，個別指導ならではのピンポイントな対応です。また，語彙力を確認するために，「仲間の音」を指定して児童に該当する語彙を言わせる活動もできます。例えば，"I want all the food starting with /b/ sound. Can you tell me?" のように聞いて，banana, bread, broccoli などを引き出していきます。「音を聞く」と同時に，「発音してみる」ことも積極的に促していきましょう。

2 │ 高学年児童への指導

指導の基本

　外国語科として学習する高学年では，中学年の学習に比べて，語彙・表現のどちらの難度も高くなり，他教科と連携した学習内容がふんだんに単元に取り入れられ，多くの知識が必要となります。個別指導ではこれまでの基本的な音声指導に単元学習の時間を 20 分程度追加する感覚で，1 回の指導を 45 分間としましょう。単元学習を補習している最中も必ず「音」にこだわり，単元の頻出語彙を活用しながら常に聞き取りと発音の動作を繰り返しながら知識を獲得・強化していくようにします。本節では，どの検定教科書でも共通して取り組める活動をご紹介します。なお，中学年からの音声指導のルーティンは引き続きおこないましょう。

知識の強化（他教科連携）

　聞こえづらい児童は聴児よりも一般的に語彙力に乏しく，また，あまり関心のない事柄に関しては知識が限られる傾向にあります。高学年の検定教科書では，コミュニケーション能力の向上を目指し，児童の年齢に見合った表現内容を身に付けるため，社会的な問題や異文化理解に目を向けた単元内容が多く取り上げられています。単元学習に際して理解に乏しい場合は，図鑑や関連する絵本，理科や社会科の教科書などを使って，知識の確認をしていきましょう。

頻出語彙を使った語彙と音声の強化

　高学年の教科書では，*Let's Try!* に比べて語彙数が大幅に増加し，spring のような子音連結を持つ語彙や，social studies といった教科名

のような複数音節語彙が頻出します。聴覚障害児にとっては聞き取りも発音も難しくなるので，語彙力を強化することが一層必要になってきます。

　また，通常学級の一斉指導だけでは語彙の意味も発音もあいまいなため，個別指導では，新出単語を聞き取って意味を必ず確認し，語頭音や語末音に対応する文字を確認しながら発音させていきましょう。中学年から文字指導を始めた場合は，文字を見て音素を想起する力が高まっているので，発音があいまいな場合は，例えば絵カードの裏側の綴りを見せると構音のヒントにもなるようです。子音連結や複数音節が含まれる語彙は，どの検定教科書でも下記表8のジャンルに共通して出現していますので，単元学習の際は発音が苦手な単語に場面を変えて何度も遭遇させるスパイラルな指導を心掛けてください。

表 8.　検定教科書に頻出し，複数音節が多い語彙のカテゴリー

| 5 年 | 月の名前，科目名，形容詞，国名，建物，食事のメニュー |
| 6 年 | 食材，部活動，職業，国名 |

検定教科書の特徴

　5 年生の検定教科書では，まず自分のことや身の回りのもの，学校のことや日常生活で使える表現を学んでやり取りを活発にさせていきます。さらに，習った表現を使って自分で言いたいことに応用し，最後には日本を紹介するといった発表に取り組んでいきます。外国語活動では未習の 3 人称（he/she）や場所を表す前置詞表現が頻出することも特徴の 1 つです。

　6 年生の検定教科書では，5 年生で学んだ表現を土台として，自己や日常生活について表現するだけでなく，より広い視野に立って日本と世界の結びつきや将来の自己像を描けるように表現を学びます。

　したがって，より高い知識・技能や深い思考が求められ，主体的に学習に取り組む態度を養っていきます。過去を表す表現を学んだり，音節が 3 〜4 の複数音節単語や子音連結を含む単語が頻出するようになります。学んだ表現を，やり取りだけでなく発表形式でアウトプットする機会が 5

年生に比べてぐっと増えていきます。

　また 2 学年を通じて，以前は中学で学んだ "be good at 〜" や "be famous for 〜" などのイディオム表現も頻出するようになります。

　このように学習内容がより高度で，多くの知識を必要とする高学年の外国語の一斉指導では，聴覚障害児や聞こえづらい児童にとってやり取りのようなコミュニケーション活動においてだけでなく，知識について理解できない状況が生まれる可能性があります。個別指導では中学年で指導してきた音声指導に加えて，知識を強化していく丁寧な指導が望まれます。

通常学級との指導連携をさらに強化

　第 1 章 4.2 で述べたように，聴覚障害児の指導にあたっては，通常学級で外国語を担当する担任・ALT・専科教員らと指導連携体制を構築することが大変重要です。個別指導を担当する先生は，担当する児童の特性を通常学級の指導担当者に伝え，外国語指導にあたっての配慮事項を共有しましょう。同時に，通常学級の外国語カリキュラムや授業案を共有してもらい，指導する児童に合わせた個別カリキュラムを計画し，5〜6 年の 2 年間を通した指導の見通しを立てることが重要です。

　中学年から指導されている場合は，既に児童の特性を把握しているでしょうからあまり問題はないと思いますが，高学年から初めて担当する場合は，まず聴覚レベルや日本語構音力などを検査し，該当児童の特性を摑み，通常学級担任と情報共有するところから始めましょう。

2.2　5〜6 年生の個別指導活動のアイディア

　本節では，使用している教科書によらず，どちらの学年でも使え，高学年児童の興味・関心が高そうなトピックやテーマに沿った個別指導活動を紹介します。対象児童の状況によって，柔軟に対応してください。

①社会科連携・国際理解を深める活動

　中学年の節でも扱いましたが，高学年では児童の外国についての知識をさらに高め，日本国内に対する知識も深めながら，英語学習につなげるようにしていきます。検定教科書では多くの国旗が掲載されています。それらは覚えなくてはいけない語彙ではありませんが，聴覚障害児の中には地理的な知識が不足している児童が見受けられるので，個別指導だからこそ少し時間を多めにとって，まずそれらの国々の位置を確認できるとよいでしょう。

　国旗や地理的な学習に苦手感が強い児童には，国際的なイベントで活躍するアスリートの話題で関心を高めたり，興味が持てるまでは短めの時間に設定するなどして様子を見ましょう。学習時期の前後で国際的なイベント（オリンピック・サッカーワールドカップ・野球 WBC など）があれば，会話の題材にするとよいでしょう。社会科が苦手な児童には，世界遺産・観光スポット・有名な食べ物などの情報が国名と結びつくように他教科連携の学習として活用してください。調べ学習のような課題を与えると，知識の強化だけでなく，思考が深まり，主体的な学習態度が自然と身に付いてくると思います。

　国旗を使った活動は，異文化理解だけでなく，単元を超えて様々な表現を練習することに有効に活用できます。例えば，「将来どんな国に行きたい？」と，希望を表現することもあれば，「どこの国に行ってきたの？」と，過去形の表現を練習することもできます。聴覚が弱い分，視覚は敏感ですので，国旗の絵カードは必ず用意してください。

　3 年生・4 年生で学習したワークシートをファイリング（ポートフォリオ化）したものを見せながら，復習から始めるとよいでしょう。また，4

年生で使用した世界白地図のワークシートを再利用して国の数を増やしていくことも，児童本人にとっては，学習が進んでいることが目に見えてモチベーションも高まると思います。高学年では知識を強化していくことが児童の学びに対する自己肯定感を高めることにもなりますので，同じ話題を毎回少しずつ長いスパンで扱うことも一案です。扱う国の数は，児童のレベルに合わせて調整しながら，徐々に増やしましょう。

　国名や世界遺産の発音や強勢は，カタカナ発音にならないように気を付けましょう。ALT に発音してもらったり，教科書掲載の QR コードに加え，電子辞書やアプリの発音機能で発音を確認してみましょう。特に Austrália, Sáudi Arábia のような複数音節の国名（表 9）については，強勢がおかれるアクセント位置を確認してください。本活動では教科書に掲載されている世界遺産を挙げていますが，児童の知識に対して難し過ぎるものは省いてかまいません。

表 9．教科書に頻出する国名の音節数

音節数 （クラップの数）	国名の例
1	France, Spain
2	Brazíl, Chína, Fínland, Japán, Kénya, Rússia, Egypt [íːdʒɪpt], Íreland, Bélgium, Nórway, Perú, Swéden, Tháiland, Túrkey
3	Austrália, Cánada, Gérmany, Índia, Ítaly, Jamáica, Koréa, New Zéaland, the U.K.
4	América, Indonésia, the Phílippines
5	Pápua New Guínea
6	Saudi Arábia

【教材準備】────────────────────────

・世界地図・日本地図（普段から個別指導用教室に貼っておくとよい）

・世界白地図，絵カードサイズの国旗カード（A6 判）

・世界遺産カード（Great Wall・万里の長城，The Statue of Liberty・自由の女神，The Pyramids・ピラミッド，The Colosseum [kɑləsíəm]・コロッセオ，The Taj Mahal・タージマハル，Machu Picchu [mɑ́tʃuː piːktʃuː]・

マチュピチュ, The Eiffel [áɪfəl] Tower・エッフェル塔, Mont Saint-Michel [mɔːŋ sæŋ miʃél]・モンサンミッシェル, Mt. Fuji・富士山, Itsukushima Shrine・厳島神社, The Grand Canyon・グランドキャニオン, Ayers Rock [ɛ́ərz rɑk]・エアーズロック）

The Statue of Liberty

The Pyramids

＊世界遺産カードは,
教科書の付録カード
で十分ですが, ない
場合は, 画像を準備
しましょう。

活動❶ 世界の国をもっと知ろう！（国と地域をマッチング）

ワークシートを使って国名を発音し, 世界地図上で位置を確認しましょう（次ページ表10）。その際, 国名の頭音や語末音も尋ねてください。同じ音で始まる国も尋ねてみましょう。社会科の知識を高めるために, 地域

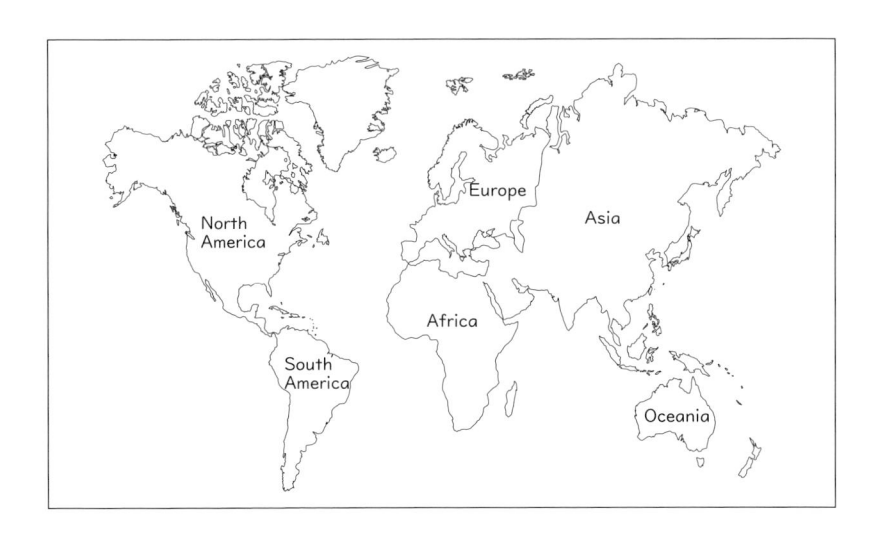

を教えましょう（Asia/Europe/Africa/North America/South America/Oceania/Antarctica，など前ページの地図を参照してください）。Point to 〜？と先生が尋ねて，指ささせ，地域名がわかっているかどうか確認しましょう。

　次に，各国がどこの地域に属しているのか尋ねてみましょう。

先生：Where is Japan？（子どもの発話を引き出すように，It's in 〜. と言いながら尋ねる）
児童：In Asia？
先生：Yes, that's right. Excellent.（ここで知らない場合は，先生が地図上に国旗カードを置きながら教える。世界遺産カードも使ったり，有名なものを尋ねてもよい）How about 〜？（国名を発音して国旗を確認し，続けて地域を尋ねる）

　国と地域がマッチングできるようになったら，南極（The Antarctica）の位置も確認してみましょう。The Antarctica は大陸で，The Arctica（北極）には陸地がないといった知識も児童から引き出せるとよいですね。

表10. 検定教科書で扱われている国々

Continents（大陸）	Countries（国名）
Asia	China, India, Indonesia, Japan, Korea, Mongolia, the Philippines, Saudi Arabia, Singapore, Sri Lanka, Thailand, Turkey, Vietnam
Europe	Belgium, Finland, France, Germany, Ireland, Italy, Norway, Russia, Spain, Sweden, the UK
Africa	Cameroon, Egypt, Kenya, Morocco, South Africa
North America	Canada, USA
South America	Argentina, Brazil, Chile, Jamaica, Peru
Oceania	Australia, New Zealand, Papua New Guinea
the Antarctica	

活動❷　頭音が同じ国はどれ？

　国名を使って頭音や語末音がわかるかどうか尋ねてみてください。特にsやzのような聞こえづらい音について，What's the beginning sound of Spain? と尋ねて，/s/ と答えられるかどうか確認します。Spain は頭音で s-p と子音が連続するので，/s/ 音は聞き取れていない可能性があり，発音する際も /s/ か，/p/ が脱落している場合もあります。

　上記の国の中で，母音の i は India では /ɪ/，Ireland では /aɪ/ のように，読み方が違うという気付きも促しましょう。ほとんどの国の頭音がわかっていれば，例えば，Which country starts with /s/ sound? とある音から始まる国名を尋ねてみましょう。Spain, Saudi Arabia, Sweden, Sri Lanka, Singapore の国旗カードを集められるかどうか確認してください。Singapore の頭音は外来語（シンガポール）で覚えてしまっていると，発音が /ʃ/ 音になってしまうので，児童の発音を確認してみましょう。

活動❸　国名を使って音節クラッピング

　中学年でもおこなった活動ですので，児童もやり方を覚えていると思います。まず，中学年でも扱った国や，音節数の少ない国から始めて次第に難度を上げていきましょう。表 9 で音節数を確認してください。

　河合・高山（2021, pp. 175〜176）では，音節国旗を使った図 5 のような音節クラッピングをチャンツにして紹介しています。ぜひご活用ください。

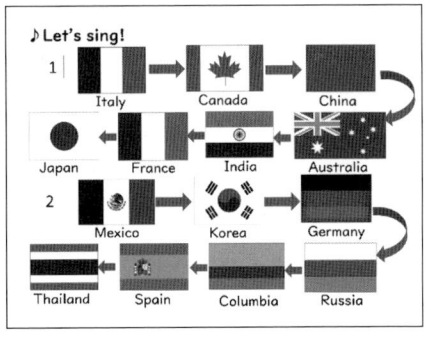

図 5．国旗を使った音節クラッピング

中学年での活動に新しい表現を積み重ねて，国際交流を想定したやり取りをおこないましょう。児童は国旗カードを首からぶら下げて架空の出身地を示します。人数が多い方が盛り上がるので，支援員などにも参加してもらいましょう。またこの活動は，通常学級でもおこなうと，児童にとってより発話の機会が多くなり，練習の機会が増します。

A. オリンピックの選手村を想定した国際交流

オリンピックの選手村で世界中の選手が交流している設定にしましょう。中学年ではやや難しいチャレンジでしたが，高学年では I'm from 〜の表現も一斉指導で学ぶので，積極的に使わせることができます。その際，from の語末音の m はどうしても脱落しがちなため，先生がしっかり口元を結んで m の形を大げさに見せてください。

先生：Hello. I'm ○○. I'm from Canada. Where are you from？

児童：Hello. I'm △△. I'm from Kenya.

先生：I see. Where is Kenya？

児童：It's in Africa. Where is Canada？

先生：It's in North America. What sport do you play（または do）？

児童：I play soccer.

先生：Oh, you are a soccer player.（先生にも質問するように促す）

児童：What sport do you play（または do）？

先生：I play basketball. Nice to meet you.

児童：Nice to meet you, too.（ここで握手）

（ここでじゃんけんをして，勝者が負けた者から首に下げた国旗をもらう。負けた者は新たな国旗を持ち，お互いに別の参加者とあいさつをする。人数が少ない場合は，じゃんけんはせず国旗を取り換える）

B.　夏休みの旅行先を決める

　夏休みに海外に行く計画を立てるという設定で，地図やガイドブックを見ながら，希望をお互いに聞き合います。様々な国の世界遺産，観光スポット，有名な食べ物を調べながら，地図にどんどんマークしていくといいですね。世界遺産は発音が難しいものが多いので，発音できるようになることよりも，その世界遺産がどこの国にあるのか理解でき，また，その国についての知識が増えることを目指します。

　"want to see 〜" の表現の際は，see ［siː］を she ［ʃiː］と発音しがちですので，間違っている場合は，その場で止めてゆっくり発音して構音指導をおこないましょう。

先生：Let's go to foreign countries this summer. Where do you want to go？
児童：I want to go to USA.
先生：What do you want to see in USA？
児童：I want to see NASA.
先生：Wow. That's great. What do you want to eat？
児童：I want to eat a big hamburger. Where do you want to go？
先生：I want to go to Australia.
児童：What do you want to see？
先生：I want to see koalas and kangaroos.
児童：What do you want to eat？
先生：I want to eat Aussie beef.

C.　旅行の後の会話：過去形の表現を使って

　6年生では，過去形の表現が頻出するようになります。一語ずつでは発音できても，文になると以下のような脱落が起こりやすくなります。

過去形	起こり得るエラー
did →	語末の d が落ちる
went →	語末の t が落ちる
saw →	[s]音がほとんど聞こえず，[ɔ:] と聞こえる

　文レベルの聞き取りでは，did you などで起こるリンキング（リエゾン）の現象が理解できず，「ディッジュー」と，did と you を1つの単語として発音している児童が多いように思います。文法的な指導は中学でおこないますが，上記のような過去形を1つひとつ丁寧に発音しながら，過去を意味することを児童が理解しているかどうかを確認しましょう。

先生：Did you enjoy your summer？

児童：Yes！

先生：Good. Where did you go this summer？

児童：I went to Australia.

先生：Oh, that's nice. What did you see？

児童：I saw a koala.

先生：I see. What did you eat？

児童：I ate a big hamburger. It was delicious. Where did you go this summer？

先生：I went to France.

児童：What did you see？

先生：I saw the Eiffel Tower. It was beautiful.

児童：What did you eat？

先生：I ate French food at a nice restaurant. It was very delicious.

D. 日本の世界遺産を紹介する

　多くの検定教科書では，世界を知ることが自分のアイデンティティを意識することにも繋がり，日本のことを世界に知ってもらうような発表をさせる意図の単元が見られます。個別指導では多めの時間を割いて準備をし，

表 11.　日本が誇る世界遺産例

日本語名	英語名	日本語名	英語名
法隆寺	Horyuji Temple	厳島神社	Itsukushima Shrine
姫路城	Himeji Castle	富岡製糸場	Tomioka Silk Mill
古都京都の文化財	Ancient Kyoto	日光東照宮	Nikko Shrines and Temples
白川郷	Shirakawa-go	富士山	Mt. Fuji
広島原爆ドーム	Hiroshima Atomic Bomb Dome	屋久島	Yakushima

Hello. I'm _____ .
Let's go to _____(世界遺産名)_____ .
It's in _____ ken. (所在地)
It's very (large, long, beautiful, old などの形容詞).
It's Japanese treasure.
Thank you.

図 6.　発表表現のテンプレート

児童本人のモチベーションが上がるように意識づけていきましょう。

　発表の題材として，日本の世界遺産のうち，児童が発表できそうなものを表 11 にリストにしました。図 6 の発表表現のテンプレートを活用して，児童が紹介したい遺産についての原稿を一緒に作成していきましょう。単語がまだ読めなくてもフリガナはふらないように指導してください。

２生態系について理解を深めよう

　高学年では，音声指導しながら語彙力や知識を強化することが必要です。また，中学英語に備えていくために，音素に対応する文字を読む・書く（フォニックス）指導も必要です。生態系について学ぶ理科連携の単元を例に挙げて，統合的な活動をおこなってみましょう。

　動物の生態系を学べるように，アルファベットジングル動物編にチャンレンジしてみましょう。以下では，ジャングル，サバンナ，陸地に住む，水辺に住むなど，生態系の学習に活用できる動物を選んでいます。また，高学年向けなので，語彙のレベルが上がり，難しく感じられると思います。児童と一緒に図鑑などを見て日本語名やどこに住んでいるのか確認していきましょう。複数形を使用して表現を学ぶため，ジングルも複数形にしてあります。先生は，動物の画像を検索してアルファベットジングルの登場順で保存し，ジングルの際にはピクチャーカードのように画像を見せながら発音し，頭音や語末音，対応する文字も確認しましょう。

文字	【音】	単語	文字	【音】	単語
a	/æ/	alligators	o	/ɑ(ɔ)/	otters（カワウソ）
b	/b/	bison（単複同形）	p	/p/	peacocks
c	/k/	crabs	q	/k/	quails（ウズラ）
d	/d/	dolphins	r	/r/	rhinoceroses
e	/e/	elephants	s	/s/	seals, sea turtles
f	/f/	frogs	t	/t/	tigers
g	/g/	gorillas	u	/ʌ/	umbrella birds（カサドリ）
h	/h/	hippopotamuses	v	/v/	vultures（ハゲワシ）
i	/ɪ/	impalas	w	/w/	wild boars
j	/dʒ/	jaguars	x	/ks/	x-ray tetras（プリステラ）
k	/k/	kangaroos	y	/j/	yaks（ヤク）
l	/l/	lions	z	/z/	zebras
m	/m/	moose	ch	/tʃ/	chimpanzees
n	/n/	newts（イモリ）	sh	/ʃ/	sharks

活動❷	ジングルに登場する動物のすみか

　アルファベットジングルに登場する動物はどんな環境に住んでいるので
しょうか？　例えば，lion はサバンナに住んでいる，など児童とやり取
りをおこないながら，生息地を確認していく活動です。

先生：Where do lions live？（すぐに答えられないと思うので，下のような
　　　異なる環境の写真を見せながらわざと間違えてみる）Do lions live in
　　　the sea？

児童：No！

先生：Where do lions live？（代名詞の they は使わない）

児童：（写真を指さして）ここ。サバンナ？

先生：Yes, that's right. Lions live in the savanna. How about dol-
　　　phins？ Where do dolphins live？（ここで dolphins のすみかを正
　　　しく言えるように引き出す）Dolphins live in ～？

in the savanna

in the sea

in the forest

in the wetland

児童：Dolphins live in the sea.

先生：That's right. Excellent.

※この他，on the land（陸地）と in the water（水中）のように，大別しても
　良いでしょう。

活動❸ 生態系の食物連鎖を考える

　活動②で動物が住んでいる環境を理解できたら，さらに踏み込んで食物
連鎖について考えさせましょう。活動②やこの活動で取り上げる表現は，
やり取りができるようになるだけでなく，知識の向上を図っていくことで
苦手意識をなくすことに繋がります。通常学級の一斉指導中には躊躇して
なかなか尋ねられないことも，個別指導では積極的に先生に尋ねて，「知
らないこと」を学んでいくことが大事だということを児童に伝えましょう。
ジングルで取り上げた動物を使って，次のようなやり取りをしながら食物
連鎖のワークシートを完成させます。

先生：This is the savanna.（まず，サバンナにどんな動物がいるのか尋ね
　　　る）Do you remember any animals living in the savanna？

児童：Elephant？（複数形が削除されているが，先生が言い直す）

先生：Yes, elephant<u>s</u> live in the savanna. Anything else？

児童：Lions？

先生：Yes, lions live in the savanna, too.（同様に，引き出しながら，
　　　hippopotamuses, impalas, jaguars, rhinoceros, vultures, zebras
　　　などを挙げる。ちなみに，「サバンナ」とは，熱帯にある「草原」を意
　　　味し，アフリカだけでなく，南米やオーストラリアにもある。）What
　　　do lions eat？（食べるジェス
　　　チャーも交えて）

児童：Lions eat ... impala？（複
　　　数形が削除されているが，先生
　　　が言い直す）

先生：Yes! Lions eat impalas.

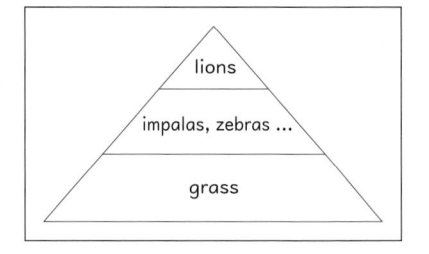

Do you know lions also eat hippopotamuses, rhinoceroses, and zebras？（動物の画像を見せる）.

児童：Yes/No.

先生：What do zebras eat？

児童：う〜ん。草？

先生：That's right. So, lions eat zebras. Zebras eat grass.

【食物連鎖のワークシート】

> What do bear**s** eat？（複数形）
> **Bears** eat **salmon fish**.

下のワードバンクから単語を選んで，「○が△を食べる」という文になるように，単語を写し書きをして文章を言ってみましょう。

8番はチャレンジ問題！文の初めの文字は大文字で書きましょう。

1. Sea turtles eat ＿＿＿＿＿＿＿.
2. Lions eat＿＿＿＿＿＿＿.
3. Gorillas eat ＿＿＿＿＿＿＿.
4. Sharks eat ＿＿＿＿＿＿＿.
5. Frogs eat ＿＿＿＿＿＿＿.
6. Elephants eat ＿＿＿＿＿＿＿.
7. Alligators eat ＿＿＿＿＿＿＿.
8. ＿＿＿＿＿＿＿ eat ＿＿＿＿＿＿＿.

Word Bank（その他，自分で調べてもよい）

> fish, frogs, grass, lions, jellyfish, zebras,
> grasshoppers, birds, alligators, elephants,
> fruits, worms, seals, ants

p. 167 の in the sea, in the forest, in the wetland を使ってやり取りをしながら，食物連鎖について学習していきましょう。

　さらに，日本や世界中で絶滅危機にある動物（endangered animals）がたくさんいることも学べるとよいでしょう。ジングルの中では，dolphins, elephants, gorillas, rhinoceros, sea turtles, tigers, vultures, chimpanzees など，よく知っている動物も種類によっては絶滅の危機に瀕しています。

活動❹　動物フォニックス

　動物の生態系の学習が進んでくると，おのずと語彙力も強化されてきます。また，毎回動物アルファベットジングルをおこなうことで，音と文字の対応が速くなっているはずです。既習の動物も追加して，先生が発音する動物名を聞いて，対応する文字が書けるかどうか次ページのワークシート（A・B）を使って活動しましょう。

　基本的には，先生の発音を聞く⇒発音される単語が表す動物の画像を認識する（意味の確認）⇒空欄になっている頭音，または語末音に対応する文字を書く，という流れでおこないます。上から順番にすると，発音を聞かずに解答することがあるので，ランダムに出題してください。

　ワークシート B の方が，聞き取りづらい音素や子音連結，複数形の問題が含まれますので，難度が高くなります。語尾が単数か複数か，よく聞き取れない場合は，該当する画像をよく見るように指示しましょう。音素 /k/ に対しては，文字は c/k/q が該当し，綴りのルールとして覚えていかなくてはなりません。たいていの場合，/k/ の後ろに a, o, u の場合の綴りは c，i, e の場合は k となることが多いですが，オーストラリアの動物は kangaroo, koala のように例外となります。

　5 年生ではまだ小文字を書くことが定着していないかもしれませんので，ワークシート下部にアルファベット文字を補助的に入れてあります。聴覚障害児の場合は，文字の習得は比較的早い児童が多いので，書いてある綴りから【音】が想起できるようになります。

【動物フォニックス：ワークシートＡ】

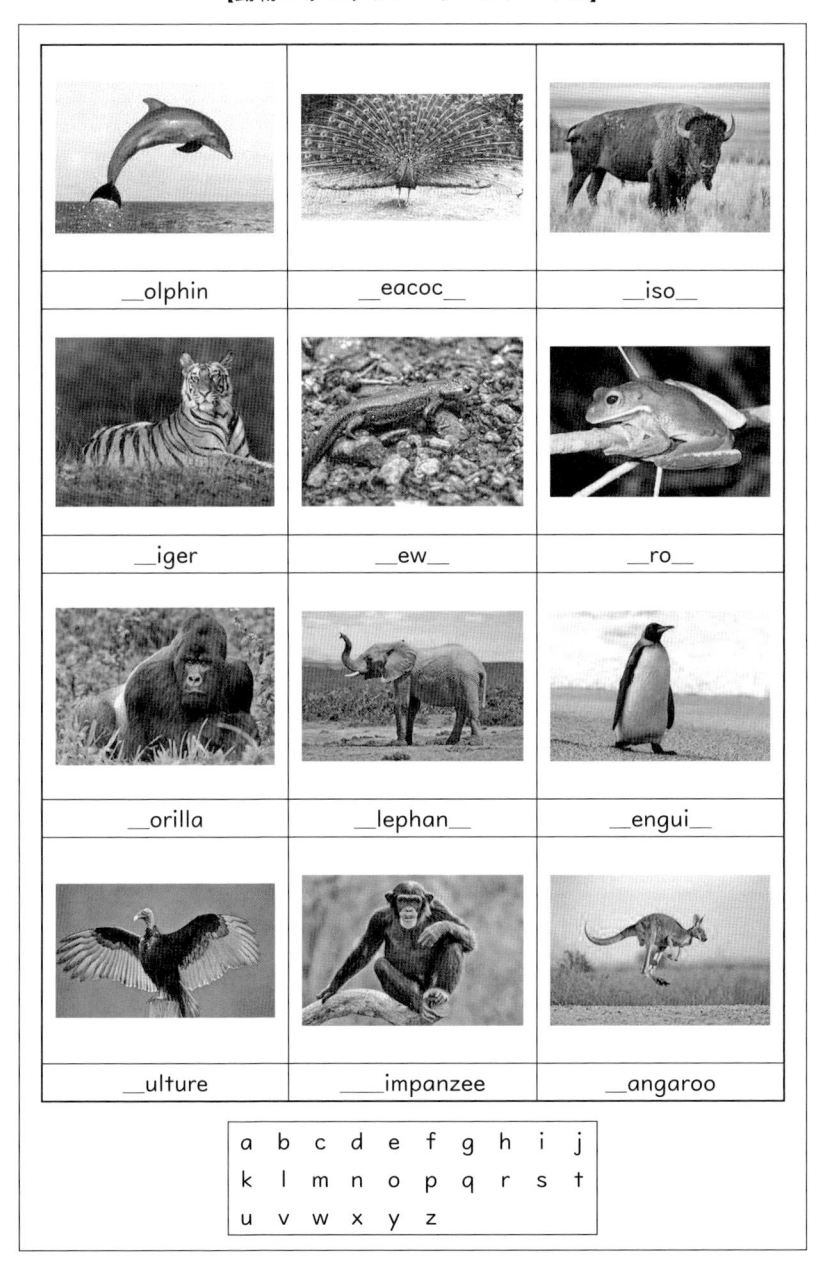

【動物フォニックス：ワークシート B】

__ebra__	__ea turtle	__aguar
__lligator__	__eal__	__ild __oar
__uail	__ion__	__oo__e
___ar__	__rab__	__ippopotamu__

a b c d e f g h i j
k l m n o p q r s t
u v w x y z

3 ｜ 中学生への指導

　中学生になると，教科書を通じてフォニックス学習も進み，さらに語彙数が増加し，文法の明示的な学習が本格的になってきます。小学校に比べて文法的な理解と読み書きの比重が高くなり，コミュニケーション活動では，統合的な力を求められます。特に中 1 から中 2 にかけては英語でつまずきを感じる学習者が増えてくるので，聞こえの弱者である聴覚障害生徒や聞こえづらい生徒には，小学校と同様の個別の指導が大変重要です。

3.1　指導の基本

　ここでは，中学校の英語科の先生や特別支援の先生が聞こえづらい生徒を指導する前提で進めていきます。

　公立中学校 1 年生は，近隣の複数小学校から入学してくるために，同じ検定教科書を使っていたとしても，音声や文字については，学校間の指導内容に差があることは否めません。生徒全員がどのような音声指導を受け，読み書きはどれくらいできるのか，フォニックス学習の有無，コミュニケーション能力はどれくらいあるのかなど把握する必要があります。特に，音声指導については，音素認識や音韻認識能力を高める活動をしたことのある生徒は少数派かもしれません。そこで，中 1 担当の場合は，入学後しばらくはその「差」を埋める全体指導をおこなう必要があります。さらに，聴覚障害生徒の聴覚がどの程度で，小学校ではどのような支援を受けてきたのかを確認しておく必要があります。

指導開始前に対象児の聴力や音の聞こえの特性を知る

　指導前から，生徒の裸耳聴力，補聴器などの聴覚機器を装着した場合の聴力，英語で特に聞き取りづらい音素などの情報を，出身小学校の聴覚障

害特別支援学級担任の先生などからできるだけ得ておきましょう。APD（聴覚情報処理障害）の生徒の場合は，本人へのインタビューや保護者・小学校の担当者からの聞き取りもおこなって，どんな状況において聞き取りづらいのか把握しましょう。

　中1の前半の個別指導では，単元指導よりも基本的な音声指導や対応する文字の指導に時間を割くようにしてください。

カタカナ表記をせず，口話で指導を進める

　本書では，口話で音声指導を行い，日本語を介在させない（カタカナ表記をしない）指導をすることを前提としています。カタカナ表記を読むことに慣れてしまうと，英語音韻表象を習得していくことが難しくなります。小学校英語に比べ，語彙数も文法事項もぐっと増えますが，文法の指導を常に音声とリンクさせることを地道に続けることで，確実に読み書きの力となります。傾聴姿勢を徹底し，音素を聞いて対応する文字がわかるかどうかをまず確認しましょう。聞き取りづらい音声に対しては，ゆっくり・はっきり・強めに発音するように心掛けます。特に，3人称単数現在形や過去形の学習初期段階では，動詞の語末音をゆっくり・はっきり・強めに発音してあげましょう。

小中ギャップを埋めるには

　中学1年生前半は，6年生の検定教科書で触れた語彙や表現に新出語彙が加わることによって，より表現のバリエーションを増やしながら4技能をバランスよく伸ばすことが求められています。急に文法や表現が難しくなるわけではなく，むしろ，語彙量が圧倒的に増加するために，生徒は「覚えなければならない＝難しい」と感じ，英語学習に対する壁ができてしまうのです。定期テストでは通常，正しい綴りができないと正答とはなりません。つまり，「読み書き」の正確性を求められることになります。

　語彙の増加や正しい綴りの力を求められることによって，生徒にとって

は中学の英語は小学校での英語とは別物というようなイメージができあがってしまいます。中学校でつまずかないようにするには，小学校の基礎段階が中学の英語学習に結びついていくことを自覚できるような授業づくりが必要です。小学校高学年の語彙や表現の聴解ややり取りをしっかり復習しながら，音声を聞いて対応する文字が書けることや，書かれた文字の音声化（声に出して読むこと）を徹底することによって，4技能を伸ばすための基礎力を強化することができます。

音と文字の対応を確認

　中学校の英語を生徒が難しく感じる大きな要因の1つに，語彙数が小学校英語に比べ，大幅に増加することは先に述べました。特に，小学校では「書くこと」のレベルが一音節単語程度で「写し書き」だったのに対して，中学校では頻出単語を基本的に読んで書けなければならなくなり，小学校から中学校への段差の開きがつまずきの原因となっています。聴覚障害生徒の場合は，音声と読み書きを結びつけることに難しさがあります。この問題を解決するためには，単元の頻出語彙を使って，語彙の意味を確認し，聞き取りづらい・発音しづらい音素を特定することが必要です。

　手始めに，音素対応している1音節程度の簡単な単語を使ってブレンディング活動をしてみましょう。例えば，/m/-/æ/-/t/ のように1つずつ音素を発音して mat と言えるかどうかを確認します。指導方法は，p. 99 を参照してください。音素を聞いて対応する文字を書けるかどうかよく観察してください。問題ないようであれば，フォニックス（綴りの規則）パターンを次第に増やしていきましょう。ただ何回も書いて暗記する指導ではなく，音素に対応しているような単語については，教師が発音し，聞き取って書けるかどうかを常にチェックすることが大切です。

　個別指導の時間が取りづらい場合は，通常学級の英語科の授業において毎回10分程度の音声指導の帯活動を設け，全体指導をおこないながら，騒音をなるべく下げて聴覚障害生徒や聞こえづらい生徒の聴覚保障をおこなってください（第1章5. pp. 53〜57 参照）。

文法への理解と形態素の強化

　中1から中2にかけては，3人称単数現在形や過去形が頻出するようになります。いわゆる「3単現」は，聴覚障害生徒にとっては，語尾の摩擦音 /s//z/ が聴児に比べて聞き取りづらいため，コミュニケーション活動においても，問われている意図を勘違いすることもあり得ます。複数形の語尾の指導も含めて，個別指導では，特に時間をかけてあげたいものです。また，1年生後半では過去形（小学校でも触れてはいますが）を学習しますので，3単現や過去形の語尾について，音声を活用した「形態素認識」を高める活動を加えると，文法理解が進み，スピーキングにおいても読み書きにおいても誤りが減るでしょう。

　そのためにも，形態素認識を強化していきましょう。形態素（morpheme）とは，意味を持つ最小の言語単位です。happy に反対の意味を持つ接頭語の un- がつくと unhappy となりますね。この場合，unhappy には2つの形態素が含まれていることになります。複数形の語尾の -s や過去形を意味する -ed など，「意味がある」形態素と音声が結びついていくことは，綴りを覚えなければならないという記憶力だけに頼らず，語彙力を伸ばし，文法理解の促進にも繋がります。

　多くの教科書が基づいているアメリカ英語の発音の特徴として，フラッピングと呼ばれる音声変化が挙げられます。例えば，日本人には，water が「ウォーラー」，party が「パーリー」に聞こえてきます。綴りを覚え始めたアメリカの子どもも city の t の部分の発音が /d/ と聞こえてしまうため，cidy と書いてしまう誤りがよく見られます。

　しかし，eater の綴りでは t の部分が /d/ と聞こえても，eader のように書く子どもはほとんどいないそうです。eat の意味と「人」を意味する接尾語の -er の意味がわかっていれば，eat と -er の形態素境界の区別がつき，eater の綴りが間違いなく書けるのです。このことから，聞こえづらい生徒にも，音声と形態素認識を結びつけた指導を小まめにおこなうことで，読みや綴りの力を大きく伸ばせることが期待できます。

他教科との連携：知識の強化

　小学校高学年でも述べましたが，聴力が低いことによって母語の語彙力や知識が低い傾向にあるため，他教科連携のような単元においては，対象児の知識の強化をする必要があります。活動を通して，対象児の知識が低い傾向にあると思われる教科担当の先生と情報を共有しましょう。逆に，本人の興味が強く，知識を持っている教科や分野は強みとなりますので，英語能力を伸ばすきっかけともなり得ます。得意な分野を生徒と共有し，生徒が関連する語彙や表現を聞いて理解でき，生徒自身が単語レベルから文レベルまで表現できるように支援したいものです。

〈コラム〉　苦手な音素を集中練習！
—Tongue twister に挑戦！(2) 破裂音の /t/—母音〔æ-e-i-ɔ-ʌ〕

Betty Botter

Betty Botter bought some butter
But she said the butter's bitter
If I put it in my batter,
it will make my batter bitter
But a bit of better butter
will make my batter better
So 'twas better Betty Botter
bought a bit of better butter

どの検定教科書でも対応できる活動をいくつかご紹介します。音声とリンクさせて文法理解や 4 技能の運用能力を高めていくことが可能です。

①音と文字の関係（フォニックス）

どの検定教科書も本格的に単元を始める前に，冒頭の数ページを割いて，音と文字の関係（フォニックス）について紹介しています。以下の活動では，それを使って聞こえづらい生徒の聞き取り能力や音素と文字の対応関係の理解を単元開始前に確認していきます。

活動❶ アルファベットジングル

小学校の既習単語を使ってアルファベットジングル（次ページ参照）をしながら，先生の発音の後に繰り返させ，対象児の発音の状態をチェックしましょう。ジングルの後には，頭音の【音】と対応する【文字】を尋ね，次に語末音の【音】や対応する【文字】を尋ねて，音と文字の対応がわかっているかどうかを確認しましょう。ch/tʃ/ と sh/ʃ/ の音も含めましょう。

活動❷ オンセット & ライム

頭の音と共通するライムがわかるかどうか確認しましょう。指導方法は，第 2 章 2.4 の活動例②をご参照ください。次ページの表 12 の単語は，全て 1 音素に対して 1 文字が対応する 1 音節単語のパターンです。この活動をすることによって，ライムの感覚を小学校で身につけているかどうかを確認することができます。身についていない場合は，ライムが同じ絵カード（例. bat-mat-rat-cat-fat-hat）を発音しながら並べてみて，共通する音は何か尋ねてみましょう。このとき，綴りは見せないでください。身についていると思われる児童には，カードの共通する部分（ライム）の文字を尋ねてみてください。

【アルファベットジングルの単語例】

	【音】	単語		【音】	単語
a	/æ/	apple, ant	o	/ɑ(ɔ)/	octopus, omelet, orange
b	/b/	banana, beach, bear, boat, boy	p	/p/	paint, peach, pig, pineapple, pink, popcorn
c	/k/	cake, cap, cat, coffee	q	/k/	queen, question, quiz
d	/d/	desk, dish, doctor, donut, dog	r	/r/	rabbit, rainbow, recorder, ruler
e	/e/	egg, elephant	s	/s/	snake, soccer, soup, spoon
f	/f/	finger, fish, flower	t	/t/	table, taxi, tea, teacup, tiger, TV
g	/g/	girl, gloves, goat, gorilla, guitar	u	/ʌ/	umbrella, up
h	/h/	hamburger, hat, horse, hotdog	v	/v/	violin, volleyball
i	/ɪ/	iguana, ink, Italy	w	/w/	watch, watermelon, wheelchair, wolf
j	/dʒ/	jam, jar, juice, jump, June	x	/ks/	box, fox
k	/k/	king, kite, kiwi fruit, koala	y	/j/	yacht, yogurt, yoyo
l	/l/	lemon, lettuce, library, lion	z	/z/	zebra, zero, zoo
m	/m/	melon, milk, monkey, mouse	ch	/tʃ/	chair, chalk, cheese, cherry
n	/n/	net, nine, noodles, notebook	sh	/ʃ/	shark, sheep, ship, shoes

表 12. 1 音節単語のライム例

ライム	単語例	ライム	単語例
-at	bat-mat-fat-hat-rat-cat	-et	net-vet-jet-wet
-ig	big-pig-fig-wig	-ug	bug-mug-rug
-an	pan-man-fan-van	-og	dog-log-frog
-en	pen-men-ten-hen	-op	mop-top-hop-stop
-un	gun-fun-sun-run	-am	ham-jam
-ox	ox-box-fox	-ap	map-nap-cap
-in	pin-fin-thin-spin	-ed	red-bed
-ad	dad-sad		

　次に，ライムの部分の綴りを見せて，読み方を確認し，先生が発音したら対応するアルファベット文字カードを頭音位置に置けるかどうか確認してください。例えば，-at のカードを生徒の前に置き，先生が"mat"と発音するとアルファベット m の文字カードを -at の前に置けるかどうか観察してください。出題の順番は，基本的には口形がわかりやすい破裂音・鼻音→摩擦音・破擦音→半母音→/k/ の音素に対して c と綴る，子音連結の文字となります。

　例えば，cat は誰でも知っている単語ですが，中 1 初期段階でフォニックス学習を小学校で指導されていない生徒は，ローマ字の影響で kat と書いてしまう可能性があります。-at の語群では，bat→mat→fat→hat→rat→cat の順番で出題をして，音素に対応する文字を理解しているかどうか観察してください。

　さらに，ライムの綴りが書いてあるカード群とアルファベット文字群を見せて，自由に単語を作ってみるように指示してください。あまり数が多いと情報過多となるので，生徒の反応によって情報量をコントロールしてください。あまり進まない場合は，先生がヒントとして単語を発音して足場かけするのも一案です。

活動❸　音声と対応する文字の書き

　音声に対応する文字が書けるかどうかを確認しましょう。まず前ページ表 12 の 1 音節 3 文字単語のライムを使って，下のようなワークシートを準備します。1 回目は母音だけを書いておいて，頭音と語末音に対応できる文字が書けるかどうかを確認します。単語をそのまま発音する形式では聞き取りづらいようであれば，ブレンディング（p. 70 や p. 99 を参照）のやり方で，1 音 1 音をはっきり発音して，聞き取った音に対応する文字が書けるかどうか確認してください。聞き取りづらい子音に対しては根気強く，呼気を強めにはっきりと発音してあげてください。子音の聞き取りと対応する文字に問題なければ，真ん中の母音も空欄にしてブレンディングに対する書き取りをやってみましょう。

【ライムを練習するワークシート例】

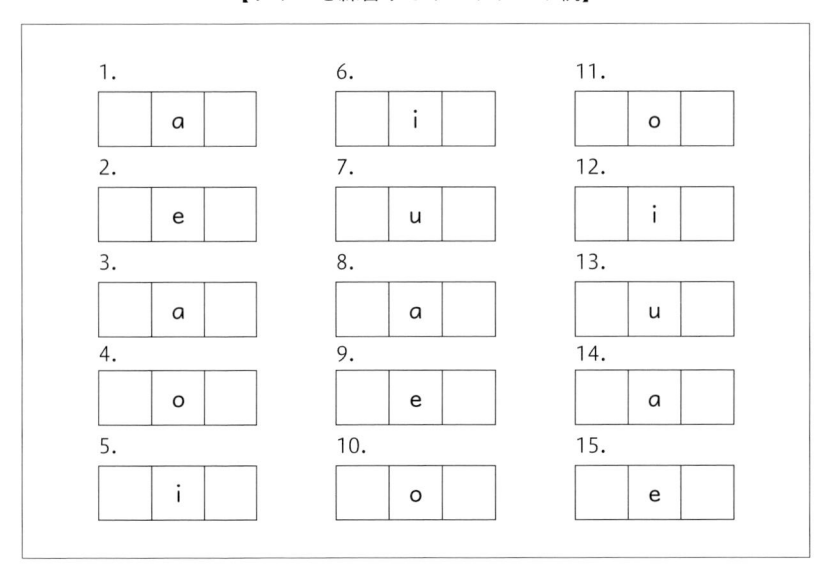

②英語と日本語との比較

　英語にカタカナを振ると，日本語を読んでいることと同じになり，英語らしい音声からは遠ざかってしまいます。ここでは，英語と日本語を比較することで，英語らしい発音を認識させていきます。単元で取り上げられている語彙だけでなく，日常使っているカタカナ語を生徒に尋ね，英語らしく発音する練習をしてみましょう。

　日本語では，ミルク（milk）を"m い l う k う"と発音してしまうように子音の後に余分な母音が挿入されるのでそれだけあごが多く動きます。また，piano とピアノのように，音節数は同じでも，強勢の度合いや音素の発音の違いで異なって聞こえる英語と日本語の組み合わせもあります。Australia とオーストラリアのように，強勢位置が異なり，母音の発音が異なるものもありますね。詳しくは河合・高山（2021，pp. 5〜6）で説明していますのでご参照ください。

　次ページの表 13 を使って，英語とカタカナ語をそれぞれ発音してあごが動く回数を確認させ，次に，どちらを発音しているのか当てさせましょう。どちらも発音させて，子音の後に母音を伴っていないか確認し，母音を削除する練習をしましょう。特に聴覚障害児にとっては，s 音が脱落して聞こえるので s 音が含まれる単語は根気強く指導していきます。

余分に日本語を挿入してしまう例
street → ストリート（s う t お reet お）→ street
　　　　　　　　　　　　　　　（余分な母音を削除して）

表 13．英語と日本語の比較

drum	⇔	ドラム	basketball	⇔	バスケットボール
piano	⇔	ピアノ	New York	⇔	ニューヨーク
flute	⇔	フルート	Australia	⇔	オーストラリア
drama	⇔	ドラマ	trumpet	⇔	トランペット
brass band	⇔	ブラスバンド	violin	⇔	バイオリン
program	⇔	プログラム	street	⇔	ストリート
king	⇔	キング	milk	⇔	ミルク

③ 3 単現の発音の区別

　中学生の音声指導では，文法理解を促進していく上でも形態素認識を強化することが重要であることは先に述べました。中 1 の最初の文法学習のヤマ場である 3 人称単数現在形の学習において，単に語末に -s が付くということを教えても，-s が聞こえづらい生徒にとっては，口話においても読み書きにおいても，コミュニケーションの支障の打開策とはなりません。3 単現や過去形については，綴りの法則性ばかりが説明されることが多いのですが，表 14 のように音声面の規則性と綴りの規則性を融合してインプットした方が，聞こえづらい生徒には理解しやすいと思われます。

　基本的に英語音の特性として，動詞の語末音が有声音の後は有声音，無声音の後は無声音の方が発音しやすいということを覚えておきましょう。

表 14．3 人称単数現在形の語尾の発音（中学 1 年生頻出動詞）

語末の発音	動詞
[s]	bake, check, cook, drink, help, hope, jump, keep, like, make, sleep, speak, take, talk, walk, work
[z]	bring, buy, call, clean, climb, come, draw, enjoy, fly, give, go, join, know, listen, live, love, open, play, run, say*, see, serve, show, sing, smile, stay, study, swim. worry
[ɪz]	catch, dance, practice, relax, wash, watch
[ts]	chat, cut, eat, get, meet, put, repeat, set, sit, visit, want
[dz]	feed, need, read, ride, stand
不規則変化	do-does, have-has

この特徴は，過去形の語尾 -ed の活用にも通じることです。例えば，like の語末音は /k/ で無声破裂音ですから，この後に無声の /s/ が続く方が発音しやすく，play の語末音は母音で有声音ですから，有声の [z] が続く方が発音しやすくなります。[s][z] を基本形とすると，動詞の語末音が [s][z][ʃ][tʃ] のような摩擦音や破擦音の場合は，同じ摩擦音で続けてしまうと言いづらいので，[ɪz] のように間に母音を置くと理解してください。例えば，wash の場合は，語末音が [ʃ] なので，母音の [ɪ] を挟んで語尾が [ɪz]（washes）となります。want のように動詞の語末が [t] となる場合は，[t] に [s] が続いて [ts]（wants）となります。[t] も [s] もどちらも歯茎音なので，それぞれの音素を独立して発音するより日本語の「ツ」に似た音で，舌先が歯茎に素早く触れるように発音しましょう。

　同様の考え方で read のように，語末が有声破裂歯茎音 [d] である場合は，有声摩擦歯茎音の [z] が続いて「ヅ」と似た音で [dz] を舌先が歯茎に触れることを意識して発音しましょう。また，say の 3 単元（says）や過去形（said）のような不規則変化では，歴史の中で音変化して最終的に says [sez] said [sed] になったと言われています。そのため綴りと音が対応せず，日本語母語の学習者が発音を誤りやすいのです。このような語末の変化については音声的な説明も有効です。小学校高学年から中学生にかけては論理的思考力が急速に発達するので，上記のように説明すると，学習者は納得し，音声と綴りが一体化して文法理解がより促進されます。また，未習の動詞の活用にも応用ができて，ひいてはスピーキングの土台の力を強化できます。

【教材準備】
- ・フラッシュカード（動詞の綴りだけのもの），ワークシート

活動❶ 3 単現の語尾の発音の仲間分け

　3 単現の語末の発音は，聴覚障害児にとっては最も聞こえづらい摩擦音

のため，なるべく時間をかけたい活動です。まず先生が基本形の /s//z/ をとる動詞を発音して聞かせ，どちらの発音かを聞き分ける活動をしてみましょう。この活動は聴児にも，つまり通常学級でもぜひ取り入れていただきたい活動です。英語を専攻している大学生でも 3 単現や過去形の語尾の発音を尋ねると，あいまいなことがよく見受けられます。尋ねてみると，中学・高校で明示的に指導を受けた学生はほとんどいませんでした。聴覚障害児の場合は，聞き取りの判別能力が向上してきても，構音は難しいため，長期的にスパイラルな指導を心掛けましょう。

　文字としては 2 種類とも s なので，図 7 のように /s//z/ のカードを机に置き，発音します。フラッシュカードから語末音が該当する頻出動詞をそれぞれ 5 枚程度選んで Word bank とします。まず原形を生徒と一緒に発音しましょう。次に，ゆっくりと 3 単現の発音をして，語末音を分類させましょう。

　分類ができたら，原形 – 3 単現をゆっくり発音しながら，図 7 のように 2 つの音の違いがわかっているか確認しましょう。特に，語尾の /s//z/ は呼気を強めてはっきり発音してあげてください。例えば，「play は plays で /z/ だね。like は likes で /s/ だね。何が違うかわかるかな？」と尋ねて，2 つの音が違うことを答えたら，先生から，「直前の音，動詞

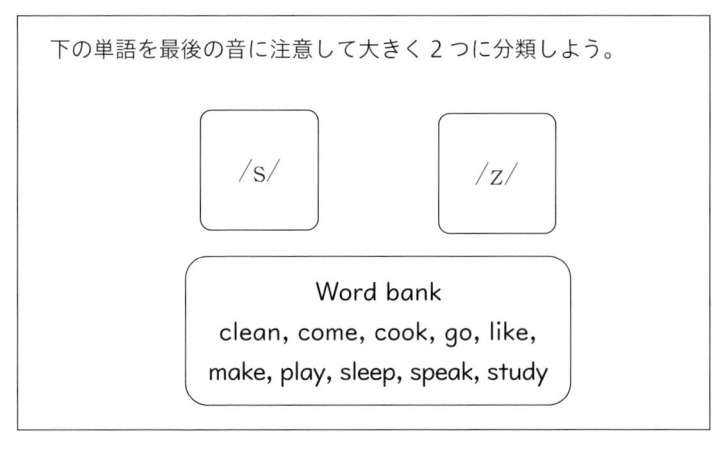

図 7. 動詞 3 人称単数現在形の発音

の終わりの音はわかるかな？」とヒントを出してもいいでしょう。その際，生徒から解答を引き出すように尋ねていきます。「play の終わりの音は ay/eɪ/ だね。like の終わりの音は ike−/k/ だね。/z/ の仲間の動詞の原形を発音してみよう（/s/ も同様に行う）。/z/ の仲間の動詞の終わりの音はよく聞こえて，/s/ の仲間はよく聞こえないね」このように説明すると，生徒も納得し，勘で分類するのではなく，規則に基づいてより音声の違いを聞き取ろうとするでしょう。ここで，もしカタカナで「ス」「ズ」のようにフリガナを付けると，結局日本語音声として聞いてしまい，後々支障が出てくるため，英語音で理解させる習慣づくりをしましょう。この2つの基本を理解できるようであれば，p. 183 の表 14 の /s//z//ɪz//ts//ds/ にあたる動詞も分類させてみましょう。

活動❷ コミュニケーション活動の練習

　3 単現の習い始めは，読み書きやスピーキングにおいて誤りが出やすく，ある程度時間をかけて定着させていく必要があります。he, she, it などの代名詞だけでなく，人物やキャラクターを使った Q&A をおこなってみましょう。やり方に慣れてきたら，生徒側から先生に質問をさせるようにしましょう。この際，応答する側は，Yes, he/she does. No, he/she doesn't. で止めるのではなく，文の形で言い直すようにしましょう。表 15 の例のように生徒の家族や友達についても尋ねてみましょう。

　応答の際の 3 単現の -s の発音の誤りは，その都度直すように指導してください。3 単現の問題は，定期テストにも出題されやすいので，読み書き用のワークシートも並行して配布し，4 技能の要素がバランスよく個別指導内に散りばめられているとよいと思います。

　読み書きの点では，does を dose と綴るような誤りは習い始めの時期によく見られます。また，代名詞主格の she の発音誤り（［ʃiː］を［siː］と発音してしまう）は，聴覚障害児だけでなく，日本語母語英語学習者の多くに見られる現象です。通常学級においても，/s//ʃ/ の判別問題や，tongue twister（早口言葉）の "She sells seashells by the seashore."

を授業の題材で使ってみるなど，文法指導に積極的に音声指導を組み込みましょう。早口言葉は，発音練習するだけでなく，下の表 15 の Q&A 例のように，コミュニケーション活動にも取り入れましょう。

表 15. 3 単現を使った Q&A の例

質問	答え
Does your father wake up early？	Yes, he does. He wakes up early./ No, he doesn't. He doesn't wake up early.
Does your mother cook well？	Yes, she does. She cooks well./ No, she doesn't. She doesn't cook well.
Does Mickey Mouse dance well？	Yes, he does. He dances very well.
Does Doraemon have a pocket？	Yes, he does. He has a pocket.
Does Mario like mushrooms well？	No, he doesn't. He doesn't like mush-rooms.
Does Batman fly？	Yes, he does. He flies.
What does your father/mother do？	He/She works for 〜. He/She is a 〜.

④過去形の規則形 -ed の発音の区別

　まずは，次ページの表 16 を使って，規則動詞の過去形 -ed の発音には 3 種類あることを明示的に教えましょう。考え方は 3 単現の語末音と同様で，過去形 -ed の直前が有声の場合は /d/，無声の場合は /t/ となります。動詞の語末はが d/d/ か t/t/ となる場合に，直後に母音 /ɪ/ を間に挟んで /ɪd/ となります。/ɪd/ によって 1 音節増えることになります。小学校外国語科で既習の不規則動詞も頻出するようになりますが，中学校ではこの 3 つの規則形のパターンを理解させましょう。

表 16. 過去形語尾の発音（中学 1 年生頻出動詞）

語末の発音	動詞
[d]	call, clean, climb, enjoy, join, listen, live, love, open, play, serve, show, smile, stay, study, worry
[t]	bake, check, cook, dance, drink, help, hope, jump, like, practice, relax, talk, walk, watch, work
[ɪd]	chat, end, repeat, start, visit, want
不規則動詞	am/is-was, are-were, bring-brought, buy-bought, catch-caught, come-came, cut-cut, do-did, draw-drew, eat-ate, feed-fed, fly-flew, get-got, give-gave, go-went, keep-kept, know-knew, make-made, meet-met, put-put, read-read, ride-rode, ring-rang, run-ran, say-said, see-saw, sing-sang, sit-sat, sleep-slept, speak-spoke, stand-stood, swim-swam, take-took

【教材準備】————————————————————

・フラッシュカード（動詞の綴りだけのもの）

・ワークシート

活動❶ 過去形の語尾の発音を仲間分けしてみよう

　図 8 のように /d//t//ɪd/ のカードを用意し，3 単元の指導を参考に発音を 3 つに分類させましょう。以下のワードバンクの動詞の分類ができるようなら，少しずつ動詞を追加してみましょう。

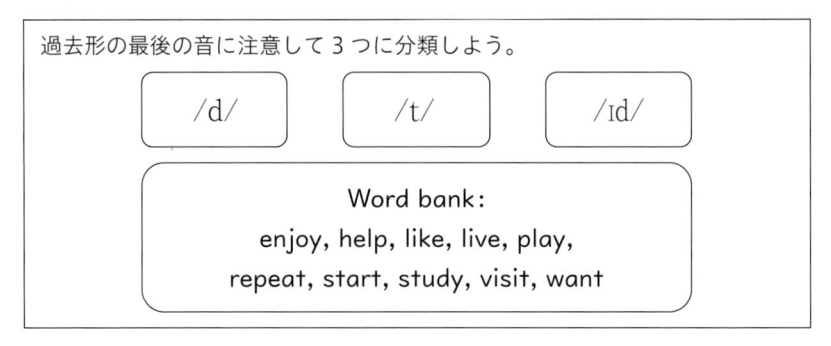

図 8. 過去形規則動詞語尾の発音

活動❷ コミュニケーション活動の練習

　過去形は小学校の外国語科でもコミュニケーション活動の目標表現として学び，3単現と違って疑問文では人称に関係なく did を使うので，3単現よりは難しくないと思われる先生もいることでしょう。しかし，聞こえづらい生徒にとっては，過去形に集中して学習している期間には理解できても，実際に英語を使用する場面や，英検や実力テストのリスニング問題など，文法範囲を限定しない幅広い用途においては誤りが起こり得ることが予想されます。例えば，下の対話を見てください。

先生：Hello, ○○. Did you enjoy your summer holidays？
生徒：Yes, I did. I went to Tokyo Disneyland.
先生：Great！Did you see Mickey Mouse？
生徒：Yes, I did. I saw Mickey Mouse and Minnie Mouse.
先生：That's good. I like Mickey Mouse, too. <u>Do</u> you have any Mickey Mouse goods？
生徒：Yes, I did.
先生：Yes, you did？ You mean you had some Mickey Mouse goods but you don't have them anymore？
生徒：？？？

　このようなミスコミュニケーションは聴覚障害生徒に限らず，まだ英語時制の使い分けに慣れていない聴児でも起こり得ることです。このような状況を回避するためには，常日頃からピンポイントの文法指導と既習事項も含めた幅広い統合的な指導を繰り返す必要があります。生徒の発話を引き出すために，音声と文法事項を結び付けることを常に心掛けましょう。
　中2の生徒には，以下のようなやり取りをおこなってみましょう。表現がわからなければその場で教えましょう。

先生：What's your favorite sport？
生徒：I like baseball.

先生：I see. I watched a baseball game on TV last Sunday. I saw Ohtani Shohei hit a homerun. It was amazing. Did you watch it?

生徒：No, I didn't. I had *bukatsu*.

先生：I see. Did you practice baseball hard?

生徒：Yes, I did.

先生：Who is your favorite baseball player?

生徒：I like Yoshida.（ここで止まったら発話を促す）He hits many home runs. He is in Boston Red Sox. He played very well in WBC.

（先生が英語を補足してもよい）

⑤お話の素材を使った統合的な活動

　3 単現と過去形の学習がある程度進んだら，おとぎ話などのストーリーを使って，英語力だけでなく，生徒の知識も高めるような統合的な活動を実践してみましょう。検定教科書内のストーリーなどを使用してもかまいませんが，幼少期に母語で聞いているだろうおとぎ話などの素材を使って，CLIL（内容言語統合学習）の展開が可能になります。

【教材準備】
- ・お話の内容を示すようなイラスト・挿絵（ここでは下記の Jack and the Beanstalk の 1 場面）
- ・先生用・生徒用スクリプト（下記参照）

©Hiromi Kawai

活動❶ お話を使って過去形を強化しよう

　前ページのイラストを見せながら，まず先生がスクリプトの英文を読み聞かせてください。

　イラストは，Jack が牛を売りに市場へ行く途中で謎の老人と遭遇し，magic beans と牛を交換する場面（以下，場面①とします）です。スクリプトは見せず，まず音声だけでその場面を聞かせてみましょう。下記のスクリプトには，特に脱落が起こりやすい /s//z//dʒ//r/ や規則動詞過去形の語尾などに下線がつけてあります。全体的にゆっくりと，下線部は特にはっきりと発音してあげましょう。

　まず，場面①の内容について，口頭で次ページの表 17 にある質問をしてみましょう。英語で答えられない場合は，日本語で答えても OK としてください。全体の概要を把握できるような質問をしていきましょう。

場面①のスクリプト

Jack and his mother were very poor. They had no money, so they decided to sell Daisy the cow to buy some food.

Jack left his house with Daisy the cow. On the way to the market, he met a very strange man. He had five magic beans. He asked Jack to trade those beans for Daisy the cow.

The strange man said, "These beans will become taller and taller and reach the heaven."

"Wow! Really? OK. Let's trade!," Jack replied.

Then Jack brought the magic beans home. His mother was so angry.

表 17. 場面①についての Q&A の例

質問	答え
Q1. What is the boy's name?	The boy's name is Jack.
Q2. What did the boy have?	He had Daisy the cow.
Q3. Where was he going?	He was going to the market.
Q4. What did the strange man have?	He had magic beans.
Q5. How many magic beans did the man have?	He had five magic beans.
Q6. What did the man say about the beans?	He said, "they will become taller and taller and reach the heaven."
Q7. What did the boy and the man trade?	They traded the beans for the cow.
Q8. Was his mother happy about the beans?	No, she was angry.

　次に，先生が読んだスクリプト内のキーワードや動詞等を発音し，わからない単語があるかどうか尋ねましょう。構音しにくい単語を本人が意識しているかどうか確認しましょう。そして，先生の後に続けて単語を発音させましょう。

　その後，生徒と一緒にゆっくり英文を読んでみましょう。慣れてきたら生徒に読んでもらい，先生は生徒の発音を聞きながら，発音のエラーや脱落が起こる箇所にチェックを入れたり，エラーの場合は，どう発音しているかメモを取りましょう。エラーや脱落が起こる音素だけに着目して構音させ，発音できるようになったら単語を発音させてみます。そして，その単語が含まれる文を読んでみるということをくり返しながら指導します。

活動❷　お話のフレーズでチャンツに挑戦

　活動①では，先生が読み聞かせをするナレーションのスクリプトでしたが，ここでは場面①の内容について，先生と生徒でロールプレイができるように対話形式で練習してみましょう。

　以下は，活動①のストーリーの登場人物同士のやり取りです。口語体で
なるべく簡潔に，リズミカルなセリフの言い回しとなっています。下線部
は，聴覚障害児に起こりやすい脱落やエラー箇所です。語末の s 音，
magic の g［dʒ］，子音連結など苦手な発音を最初はゆっくりと，単語だ
けで練習します。言えるようになったらリズミカルにチャンツでフレーズ
でも言えるように練習してみましょう。特に "magic beans" は聴児で
もうまく言えません。繰り返し練習し，摩擦音や破擦音が構音できるよう
に指導します。

場面①のやりとり

Man：I have bean<u>s</u>. What do you have？

Jack：I have a cow.

Man：Let'<u>s</u> <u>tr</u>ade my ma<u>g</u>ic bean<u>s</u> for your cow.

Jack：Oh, no. I can't do that.

Man：These are ma<u>g</u>ic bean<u>s</u>. <u>Fi</u>ve ma<u>g</u>ic bean<u>s</u>.

Jack：How many bean<u>s</u>？

Man：<u>Fi</u>ve ma<u>g</u>ic bean<u>s</u>.

Jack：Ma<u>g</u>ic bean<u>s</u>？

Man：Yes, <u>fi</u>ve ma<u>g</u>ic bean<u>s</u>.

Jack：Wow！Let'<u>s</u> <u>tr</u>ade. Let'<u>s</u> <u>tr</u>ade. Now I have ma<u>g</u>ic bean<u>s</u>.

Man：Now I have a cow. I'm so happy. Good-bye.

Jack：I'm so happy, too. Good-bye.

活動❸　お話の語彙を使ってフォニックス

　活動②のお話に頻出する語彙を使って，音と文字が対応できているかど
うか（Level 1），さらに単語内構造（オンセット＆ライム）が理解できて
いるか（Level 2）を確認しましょう。ワークシート実施後に聞こえづら
い音を確認し，答え合わせの後で，生徒にも発音してもらいましょう。

【フォニックスワークシート：Level 1】

場面①の頻出語彙を聞いて空所に入る文字を埋めてみましょう。

Jack and the Beanstalk: Scene 1

問：先生が発音した単語にあてはまる文字を入れてみましょう。単語の発音は順番通り発音されないので，まず意味を表す絵を探してみてください。

| | a | c | |

| | o | | e | y |

| | e | a | n | |

| | o | t | h | e | r |

| | a | d | e |

| | e | a | v | e | n |

| | o | w |

| | n | g | r | y |

| | a | |

| | o | u | | e |

【フォニックスワークシート：Level 2】

> 先生が発音する単語を聞いて対応する文字を記入しましょう。知らない単語もあるかもしれませんから，先生の口元をよく見て聞いて書きましょう。

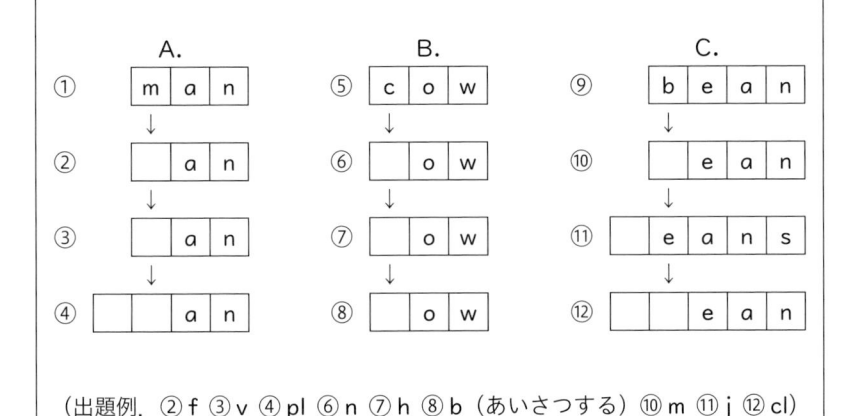

> A.
> ① m a n
> ↓
> ② ＿ a n
> ↓
> ③ ＿ a n
> ↓
> ④ ＿ ＿ a n
>
> B.
> ⑤ c o w
> ↓
> ⑥ ＿ o w
> ↓
> ⑦ ＿ o w
> ↓
> ⑧ ＿ o w
>
> C.
> ⑨ b e a n
> ↓
> ⑩ ＿ e a n
> ↓
> ⑪ ＿ e a n s
> ↓
> ⑫ ＿ ＿ e a n
>
> （出題例．②f ③v ④pl ⑥n ⑦h ⑧b（あいさつする）⑩m ⑪j ⑫cl）

活動❹ 豆はどう育つ？（理科連携）

　お話の内容から，他教科連携の指導を展開することができます。この活動をおこなうことで，生徒の他教科の能力や知識もある程度推測できます。知識が乏しい場合は，担当教科の先生との連携を図るようにしましょう。

　次ページのワークシート A の写真を見ながら日本語で（種→双葉→葉→つる→花→実）という豆の成長過程を理解し，さらに英語の単語を知っているかどうか確認してみましょう。成長過程が理解できたら，単語を発音してくり返させ，頭の音や終りの音を尋ね，対応する文字が書けるかどうか観察しましょう。英単語として初出でも，理科で成長過程をすでに学習しているので，単語を聞いて文字が想起できるかを観察してください。

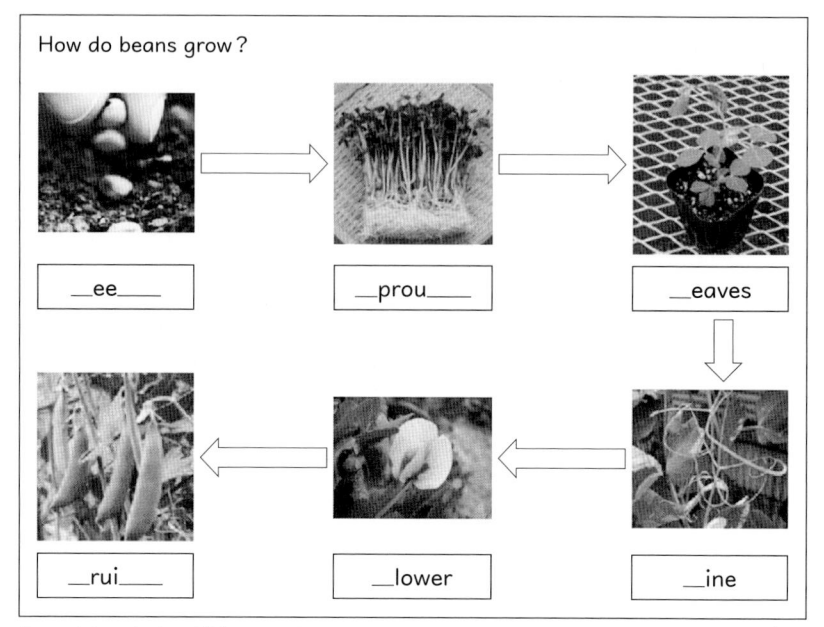

How do beans grow?

| ＿＿ee＿＿ | ＿＿prou＿＿ | ＿＿eaves |
| ＿＿rui＿＿ | ＿＿lower | ＿＿ine |

（ワークシート A の答え：seeds ⇒ sprouts ⇒ leaves ⇒ vine ⇒ flower ⇒ fruits）
（基本的に画像にある語彙が複数ある場合は，複数形にしています）

　次ページのワークシート B は，光合成の仕組みについてです。イラストの空欄の語を尋ねてみましょう。英語で答えられなくても，日本語の知識があるかどうかをまず確認してください。以下の質問にしたがって尋ねてみましょう。理科で酸素（O_2）や二酸化炭素（CO_2）のように化学記号を学習すると，英語では何というのかという好奇心を持つ生徒のために，oxygen（酸素），carbon dioxide（二酸化炭素）を使用していますが，生徒の理解度に応じて，日本語で尋ねて英語は割愛してもいいでしょう。土（soil），根（roots），茎（stem）などは英単語で未習でも，日本語の知識があればぜひ教えましょう。

【ワークシート B：光合成の仕組み】

Q1：矢印が表しているものって何？（2〜5）

Q2：植物の部分の名前は？（7〜10）

Q3：その他，植物の生長に欠かせないものは？（1, 6）

Q3：CO_2 削減ってどういうこと？（日本語で）

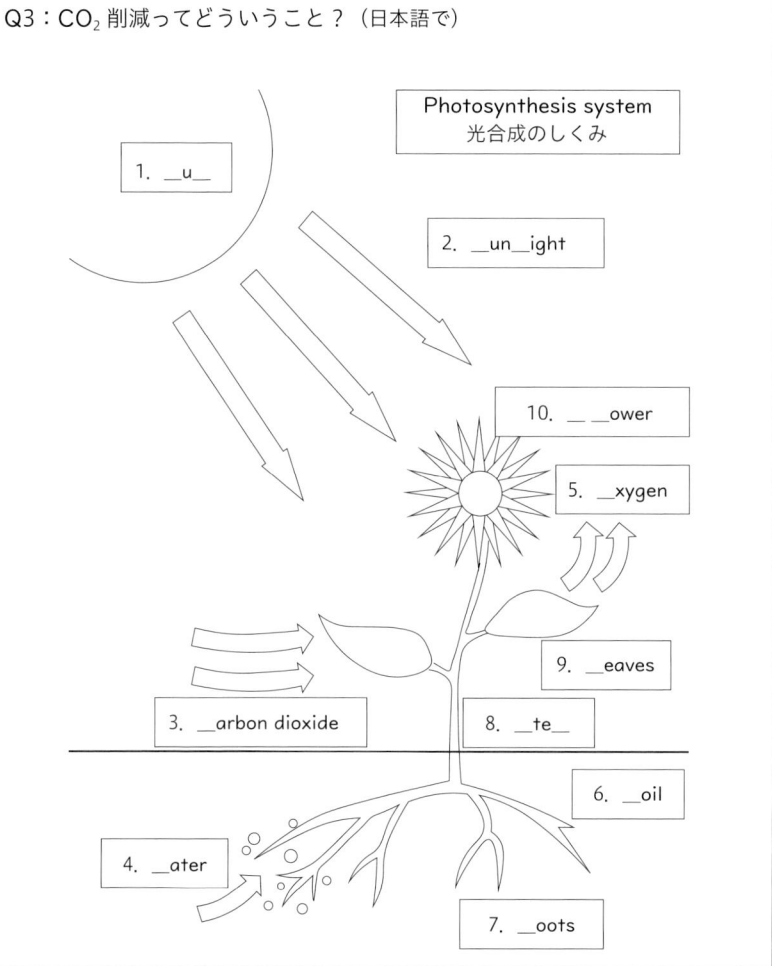

答え：1. sun（太陽）　2. sun light（太陽光）　3. carbon dioxide（CO_2, 二酸化炭素）
4. water（水）　5. oxygen（O_2, 酸素）　6. soil（土）　7. roots（根）　8. stem（茎）
9. leaves（葉）　10. flower（花）

付録

音素認識能力を高める
ミニマルペア絵カード
110組セット

＊一斉指導用の A4 判、個別指導用の A6 判の 2 つのサイズを用意しています。

※ p. 201 の QR コードからダウンロードできます。A6 判は A4 用紙に両面印刷してから半分にカットしてください。

Step 1　頭音に子音が 1 つだけのミニマルペア

Step 2　音がある？ない？

Step 3　子音連結のパターン

Step 4　終わりの音は同じ？違う？

Step 5　似て聞こえるペアのパターン

Step 6　真ん中の母音の判別

［ミニマルペア発音スクリプト通し番号］

Step 1. 頭音に子音が 1 つだけのミニマルペア　音声

1	bear-pear	19	cap-map	37	box-fox	55	pear-chair
2	pig-big	20	mice-dice	38	big-fig	56	beads-seeds
3	beach-peach	21	mitten-kitten	39	fish-dish	57	band-sand
4	peas-keys	22	gate-date	40	pork-fork	58	dad-sad
5	toys-boys	23	men-ten	41	log-dog	59	face-vase
6	book-cook	24	game-name	42	bed-red	60	sing-king
7	coat-goat-boat	25	park-dark	43	cake-lake	61	fun-sun
8	pie-tie	26	nap-map	44	lake-rake	62	sing-ring
9	can-pan	27	gun-fun	45	bed-head	63	sun-run
10	gun-bun	28	hat-fat	46	pen-hen	64	zoo-two
11	tea-bee	29	rat-cat	47	mice-rice	65	rug-mug
12	key-bee-tea	30	ball-wall	48	hand-band	66	wet-jet
13	top-mop	31	wall-tall	49	light-night	67	pocket-rocket
14	bat-mat	32	mouse-house	50	shark-park	68	sock-rock
15	car-bar	33	fan-man	51	bar-jar	69	pin-thin
16	doll-ball	34	van-fan	52	nest-vest	70	thin-fin
17	can-man	35	pin-fin	53	ham-jam	71	light-right
18	kite-night	36	net-vet	54	bar-car-jar		

Step 2. 音がある？ない？のパターン　音声

72	ox-fox	73	ink-pink	74	vest-vet	75	snail-nail
76	net-nest	77	top-stop	78	ox-socks		

Step 3. 子音連結のパターン　音声

79	tea-tree	80	rain-train	81	glass-grass	82	bread-red
83	dragon-wagon	84	door-floor	85	frog-flag	86	snail-tail
87	net-nest	88	moon-spoon				

Step 4.　終わりの音のパターン　音声

89	net-next	90	lamb-lamp	91	mouth-mouse	92	tent-ten
93	tooth-two						

Step 5.　似て聞こえるペアのパターン　音声

94	hammer-summer	95	jacket-rocket	96	snake-lake	97	jump-lamp
98	stamp-lamp						

Step 6.　真ん中の母音が紛らわしいパターン　音声

99	nut-net	100	men-man	101	pan-pen	102	bug-bag
103	soup-soap	104	ship-sheep	105	fan-fun	106	cap-cup
107	pin-pen	108	bed-bad	109	fox-fax	110	map-mop

［絵カード例］

A4 版　A6 版

1　bear-pear

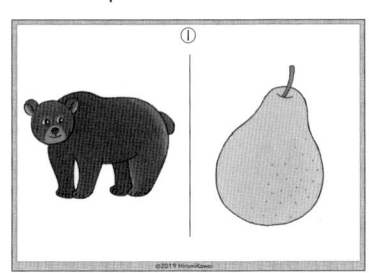

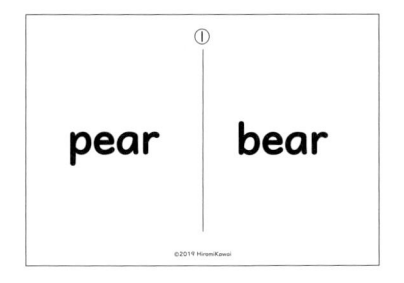

100　men-man

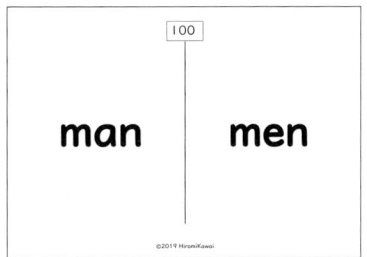

参考文献

Allen-Tamai, M. (2000). *Phonological awareness and reading development of young Japanese learners of English*. (Unpublished doctoral dissertation). Temple University Graduate School, Tokyo.

アレン玉井光江 (2010).「児童英語教育におけるリテラシー教育―音韻認識能力を中心に見たアルファベット知識と単語知識の発達」*Arcle Review*, 4, 90-102.

安東孝治・吉野公喜・志水康雄・板橋安人 (1999).「聴覚障害児における語音明瞭度，発音明瞭度並びに聴力レベルの相互関連性について」『特殊教育学研究』36 巻 4 号，49-57.

長南浩人 (2021).「聴覚障害児の言語指導の現状」英語教育ユニバーサル研究学会 AUDELL 2021 年度第 1 回研究会「聴覚障害と英語教育―音声指導法と合理的配慮のあり方」講演資料.

長南浩人・齋藤佐和 (2007).「人工内耳を装用した聴覚障害児の音韻意識の発達」『特殊教育学研究』44 巻 5 号，283-290.

Denes, P. B. (1963). On the statistics of spoken English. *The Journal of the Acoustical Society of America*, *35*(6), 892-904.

Dubno, J. R., & Dirks, D. D. (1982). Evaluation of hearing-impaired listeners using a non-sense-syllable test. I. Test reliability. *Journal of Speech, Language, and Hearing Research*, *25*(1), 135-141.

Easterbrooks, S. R., & Estes, E. L. (2007). *Helping deaf and hard of hearing students to use spoken language. A guide for educators and families*. Corwin Press.

Ehri, L. C., & Nunes, S. R. (2002). The role of phonemic awareness in learning to read. In S. J. Samuels, & A. E. Farstrup (Eds.), *What research has to say about reading instruction* (3rd ed.), (pp. 110-139). International Reading Association.

Elfenbein, J. L., Hardin-Jones, M. A., & Davis, J. M. (1994). Oral communication skills of children who are hard of hearing. *Journal of Speech, Language, and Hearing Research*, *37*(1), 216-226.

Extrone Electronics. (2020). *Classroom sound field amplification: An introduction*. Extrone Electronics. https://www.chariotgroup.com/wp-content/uploads/2021/04/Classroom-Sound-Field-Amplific ation-RevA1.pdf

福島邦博・川崎聡大 (2008).「聴覚情報処理障害（APD）について」『音声言語医学』第 49 巻 1 号，1-6.

降旗建治・柳沢武三郎 (1995).「『うるささ』騒音計と現行騒音計の比較検討結果」『日本音響学会誌』52 巻 1 号，19-23.

濵田豊彦 (2017).「第 7 章　聴覚障害とその理解」(pp. 125-138) 日本言語障害児教育研究会 (編著)『基礎からわかる言語障害児教育』学苑社.

濵田豊彦・高木恵・大鹿綾 (2008)「聴覚障害児の読書力と英語の学習効果に関する一研究」『東京学芸大学紀要』59 巻，379-385.

原 惠子 (2001).「健常児における音韻意識の発達」『聴能言語学研究』，18 巻 1 号，10-18.

原 惠子（2003）．「〈音韻発達とその障害〉子どもの音韻障害と音韻意識」『コミュニケーション障害学』20 巻 2 号，98-102.

Hirsch, E. (1996). The effects of weaknesses in oral language on reading comprehension growth, cited in Torgesen, J. (2004). *Current issues in assessment and intervention for younger and older students*. Paper presented at the NASP Workshop.

池田 周（2018）．「日本語を母語とする小学生の音韻認識―音素操作タスクに見られるモーラ認識の影響」『小学校英語教育学会誌（JES Journal）』18 巻，52-67.

板橋安人（2004）．「聴力 100 dB HL〜110 dB HL の聴覚障害児における発音技能習得の可能性」『筑波大学附属聾学校紀要』第 26 号，85-92.

Jakobson, R. (1941/68). *Child language, aphasia, and phonological universals*. The Hague, the Netherlands: Mouton. (The original version published in 1941 was written in German. English version was translated by Keiler, A. R. and published in 1968).

神田幸彦・吉田晴郎・原 稔・木原千春・伊藤亜紀子・林田幸子・髙橋晴雄（2018）．「人工内耳装用児の通常学校進路状況とそれに影響する因子について」*Audiology Japan*，61 巻 4 号，277-286.

片山嘉雄・長瀬慶來・上斗晶代（1996）．『英語音声学の基礎：音変化とプロソディーを中心に』研究社．

Kawai, H. (2017). *A Study of the English speech processing system in young Japanese EFL learners and changes in their awareness through explicit sound instruction*（青山学院大学大学院文学研究科英米文学専攻博士学位論文）.

河合裕美（2019）．「聴覚障害児童の英語音声の知覚・産出能力の実態調査―通常学級内授業における指導法・教材開発検討のための基礎研究」『博報財団第 13 回児童教育実践についての研究助成報告書』1-53.

河合裕美（2020）．「通常学級に在籍する聴覚障害児童の英語音素知覚・産出能力―教科化におけるインクルーシブな英語教育体制の取組みへ」『英文學思潮』第 93 巻，1-29.

河合裕美（2021a）．「コロナ禍でも続けられた聴覚障害児童への英語音声指導」『英語教育』第 70 巻 3 号，18-20.

河合裕美（2021b）．「聴覚障害児童が在籍する公立小学校の英語学習環境の実態調査―インクルーシブな英語教科化を目指して」『神田外語大学紀要』第 33 巻，191-214.

河合裕美（2021c）．「多様な子どもが在籍する通常学級高学年児童の英語発音の注視時間・英語能力・意識の変化―明示的な英語音声指導における口形を「見る」態度の育成の効果」『日本児童英語教育学会（JASTEC）研究紀要』第 40 号，167-182.

河合裕美（2022）．「公立小学校に在籍する聴覚障害児童への長期的な英語音声指導」*AUDELL Journal, 1*, 12-27.

河合裕美（2023）．「聴覚障害児が在籍する外国語授業の「音」環境の実態調査―小学校通常学級のユニバーサルな学習環境を目指して」*AUDELL Journal, 2*, 3-17.

河合裕美・高山芳樹（2021）．『きいて・みて・まねて覚える英語の音―動画でできる音声指導』大修館書店．

河合裕美・高山芳樹（2022）．「コロナ禍における小学校英語音声指導の取り組み―学級担任による視覚的教材の活用」『日本児童英語教育学会（JASTEC）研究紀要』第 41 号，75-90.

経済協力開発機構（OECD）（2020 年版）.「一学級当たり児童生徒数［国際比較］」（文部科学省資料より https://www.mext.go.jp/content/20210614-mxt_kyoikujinzai02-0000 15966_07_1.pdf）

Kuhl, P. K., Stevens, E., Hayashi, A., Deguchi, T., Kiritani, S., & Iverson, P.（2006）. Infants show a facilitation effect for native language phonetic perception between 6 and 12 month. *Developmental Science*, 9(2), F13-F21.

McGuckian, M., & Henry, A.（2007）. The grammatical morpheme deficit in moderate hearing impairment. *International Journal of Language and Communication Disorders*, *42*, 17-36.

文部科学省（2002）.「特別支援教育 (2) 聴覚障害 特別支援学校 障害の程度」https://www.mext.go.jp/a_menu/shotou/tokubetu/mext_00802.html

文部科学省（2018）.『学校環境衛生管理マニュアル「学校環境衛生基準」の理論と実践 平成 30 年度改訂版』https://www.mext.go.jp/component/a_menu/education/detail/__icsFiles/afieldfile/2018/07/31/1 292465_01.pdf

文部科学省（2020a）特別支援教育資料（令和元年度）文部科学省初等中等教育局特別支援教育課. https://www.mext.go.jp/a_menu/shotou/tokubetu/material/1406456_00008.htm

文部科学省（2020b）.『聴覚障害教育の手引―言語に関する指導の充実を目指して』https://www.mext.go.jp/content/20200324-mxt_tokubetu02-100002897_003.pdf

森つくり・熊井正之（2017）.「重度難聴児の構音能力の長期経過―補聴器装用例について」*Audiology Japan*, 60 巻 4 号, 210-218.

村瀬邦子（1996）.『トマティス流 最強の外国語学習法―英語を話すには「英語の耳」が必要だ！』日本実業出版社.

永野哲郎（2017）.『聴覚障害児の発音・発語指導―できることを、できるところから』ジアース教育新社.

中山博之・加藤敏江・浅見勝巳・服部 琢・柴田康子・荒尾はるみ・別府玲子（2006）.「人工内耳装用児と補聴器装用児における語音聴取能の比較検討」*Audiology Japan*, 49 巻 4 号, 381-387.

根本匡文（2016）.「聴覚障害幼児・児童・生徒を囲む教育環境」日本聴覚障害学生高等教育支援ネットワーク（PEPNet-Japan）https://www.pepnet-j.org/wp-content/uploads/202 1/11/7_nemoto.pdf

日本聴覚医学会難聴対策委員会（2014）.「難聴対策委員会報告―難聴（聴覚障害）の程度分類について」*Audiology Japan*, 57 巻, 258-263. https://audiology-japan.jp/wp/wp-content/uploads/2014/12/a1360e77a580a13ce7e259a406858 656.pdf

日本聴覚医学会難聴対策委員会（2020）.「難聴対策委員会報告―側性難聴の要点整理」*Audiology Japan*, 63 巻, 279-282. https://www.jstage.jst.go.jp/article/audiology/63/4/63_27 9/_pdf/-char/en

日本学校保健会（2004）.『難聴児童生徒へのきこえの支援 補聴器・人工内耳を使っている児童生徒のために』https://www.gakkohoken.jp/uploads/books/photos/a00035a4d8026657a6b6.pdf

日本建築学会編（2008）.『日本建築学会環境基準 AIJES-S001-2008 学校施設の音環境

保全基準・設計指針』東京：日本建築学会．

西沢啓子・佐久間哲哉（2008）．「難聴学級および通常学級の音環境に対する難聴生徒の意識―難聴生徒の教室音環境に関する実態調査　その2」『日本建築学会環境系論文集』73巻631号，1069-1075.

Norbury, C. F., Bishop, D. V. M., & Briscoe, J. (2001). Production of English finite verb morphology: A comparison of SLI and mild-moderate hearing impairment. *Journal of Speech, Language, and Hearing Research*, *44*(1), 165-178.

沖津卓二（2016）．「学校保健における耳鼻咽喉科医の役割―普通学校における難聴児への対応」第11回日本小児耳鼻咽喉科学会シンポジウム1，37巻3号，241-245.

Owens, E. (1978). Consonant errors and remediation in sensorineural hearing loss. *Journal of Speech and Hearing Disorders*, *43*(3), 331-347.

Owens, E., Benedict, M., & Schubert, E. D. (1972). Consonant phonemic errors associated with pure-tone configurations and certain kinds of hearing impairment. *Journal of Speech and Hearing Research*, *15*(2), 308-322.

Oyer, H. J., & Doudna, M. (1959). Structural analysis of word responses made by hard of hearing subjects on a discrimination test. *AMA Archives of Otolaryngology*, *70*(3), 357-364.

Paulson, L. H. (2004). *The development of phonological awareness skills in preschool children: From syllables to phonemes*. (Ed. D. dissertation). The University of Montana.

Rosenberg, G. G., Blake-Rahter, P., Heavner, J., Allen, L., Redmond, B. M., Phillips, J., & Stigers, K. (1999). Improving classroom acoustics (ICA): A three-year FM sound field classroom amplification study. *Journal of Educational Audiology*, *7*, 8-28.

Rudmin, F. (1983). The why and how of hearing /s/. *Volta Review*, *85*, 263-269.

齋藤佐和（1978）「聴覚障害児における単語の音節分解および抽出に関する研究」『東京教育大学教育学部紀要』第24号，205-213.

Stackhouse, J., & Wells, B. (1997). *Children's speech and literacy difficulties Book 1: A psycholinguistic framework*. Whurr Publishers.

Stelmachowicz, P. G., Nishi, K., Choi, S., Lewis, D. E., Hoover, B. M., Dierking, D., & Lotto, A. (2008). Effects of stimulus bandwidth on the imitation of English fricatives by normal-hearing children. *Journal of Speech Language and Hearing Research*, *51*(5), 1369-1380.

高木俊一郎・安田章子（1967）．「正常幼児（3〜6才）の構音能力」『小児保健研究』25巻1号，23-28.

Tobias, J. V. (1959). Relative occurrence of phonemes in American English. *The Journal of the Acoustical Society of America*, *31*(5), 631.

Treiman, R., Cassar, M., & Zukowski, A. (1994). What types of linguistic information do children use in spelling? The case of flaps. *Child Development*, *65*(5), 1318-1337.

富浦麻穂（2015）．「通常学級の音環境基準の国際比較：騒音・残響時間の低減とSN比の保障による音環境の整備」『公教育システム研究』14巻，45-67.

University of California San Francisco, Department of Otolaryngology-Head and Neck Surgery. *Audiogram of familiar sounds*. https://ohns.ucsf.edu/audiology/education/peds

安田　遥・濵田豊彦・大鹿　綾（2012）．「通常の学校に在籍する聴覚障害児の学級適応」『広島大学大学院教育学研究科附属特別支援教育実践センター研究紀要』第10号，25-31.

索引

[著者紹介]

河合裕美（かわい　ひろみ）

　神田外語大学児童英語教育研究センター　准教授。青山学院大学大学院文学研究科英米文学専攻博士後期課程修了。学術博士。

　専門は初等英語教育，特に子どもの英語音声習得や指導法の研究，聴覚障害児童の英語音声指導など。近年は通常学級に在籍する様々な児童生徒の英語学習の躓きについて研究を進めている。これまで東京都内・千葉県内の公立小学校で自ら外国語指導を行い実証検証しつつ，小学校教員研修等で音声指導法の普及に務めてきた。

　主な著書に『きいて・みて・まねて覚える英語の音　動画でできる音声指導』（河合裕美・高山芳樹著，大修館書店，2021 年），論文「公立小学校に在籍する聴覚障害児童への長期的な英語音声指導」（河合裕美，*AUDELL Journal 1*, 12-27, 2022）などがある。

本書の感想をお聞かせください。

きこえにくさのある児童生徒への英語指導
——音と文字から英語の力を育む

© Kawai Hiromi, 2025　　　　　　　　　　　NDC375／viii, 206p／21cm

初版第 1 刷——2025 年 5 月 1 日

著　者————河合裕美
発行者————鈴木一行
発行所————株式会社　大修館書店
　　　　　　〒113-8541　東京都文京区湯島 2-1-1
　　　　　　電話 03-3868-2651（営業部）　03-3868-2294（編集部）
　　　　　　振替 00190-7-40504
　　　　　　［出版情報］https://www.taishukan.co.jp

装丁者————精興社
印刷所————精興社
製本所————難波製本

ISBN978-4-469-24680-3　　Printed in Japan